近代欧美专家在日活动及影响研究

岳 恒 著

山东大学出版社
SHANDONG UNIVERSITY PRESS
·济南·

图书在版编目(CIP)数据

近代欧美专家在日活动及影响研究 / 岳恒著. 济南 ：山东大学出版社，2025. 6. -- ISBN 978-7-5607-8910-1

Ⅰ. K313.41

中国国家版本馆 CIP 数据核字第 2025MQ0849 号

责任编辑　楚洋洋
封面设计　王秋忆

近代欧美专家在日活动及影响研究

JINDAI OUMEI ZHUANJIA ZAIRI HUODONG JI YINGXIANG YANJIU

出版发行　山东大学出版社
社　　址　山东省济南市山大南路 20 号
邮政编码　250100
发行热线　(0531)88363008
经　　销　新华书店
印　　刷　济南乾丰云印刷科技有限公司
规　　格　880 毫米×1230 毫米　1/32
　　　　　4.625 印张　110 千字
版　　次　2025 年 6 月第 1 版
印　　次　2025 年 6 月第 1 次印刷
定　　价　36.00 元

前　言

历史的车轮缓缓驶进 19 世纪中叶，此时以英、法等国为代表的西方国家凭借先进科学技术和产业革命初步成果武装起来，用坚船利炮向遥远的东方国家发出威慑。而当时的东方诸国则多处于闭关锁国、与世隔绝的状态之中。日本较为灵活地处理和化解了这一危机，实现了本国文化与外来文化之间的顺利对接，促使自身的近代化发展水平有了极大的飞跃，这在当时的东方诸国中是颇为引人注目的。

可以说，日本在面对西方冲击时要敏感、主动得多，这都源自西学知识在日本的传播时间早，影响也较为深远。日本人与西方的初次接触始于 16 世纪中期。漂流至日本列岛的欧美船只将火绳枪和基督教带到了日本，随之引发了日本人对西方技术的关注和对基督教传教的担忧与恐惧，催生了将长崎一港作为锁国政策下对外窗口的外交体制。此后一段时期内，日本民众对西方的向往与好奇心随着西学知识的逐渐普及一点点地释放。西学知识在日本传播的第一波——南蛮学（从葡萄牙、西班牙两个南欧国家传来的西方学术）尽管“不是当时欧洲受过文艺复兴运动洗礼的第一流的近代文化，而是坚持南欧封建文化传统的，还拖着西方中世纪文化尾巴的文化”[①]，但就当时尚处于封建社会、闭目塞听的日本来说，无疑是先进文化的代表。南欧文化的传入将西方近代实证科学的精神引进日本，使日本人首次感受到西方科学的优越性，同时也刺激了日本工商业的发展。更为重要的是，南欧文化虽几经残酷的绞杀但还是顽强地生存了下来，为日后兰学在日本的勃兴奠定了基础。

18 世纪中叶，幕府将军德川吉宗准许进口西方书籍，唯有与基督教有关的除外。少数通晓荷兰语的日本人开始翻译并介绍外科学、解剖学、天文学等学科的荷兰语书籍。1745 年，第一本荷日词典编纂完成。荷兰人尽可能地满足了这里对欧洲制品——钟表、玻璃器皿、天鹅绒、毛织品、望远镜、气压计——所表现出的渴求。日本人对西方政治倒也不是一无所知。一个受过教育的日本人，只要他愿意，就能够了解法国大革命的一些思想，或者知道谁是美国总统。[②] 由此可见，长崎间接成为西方知识进入日本的窗口，通过长崎，西方思想与学说缓慢地渗透进来。由于对西学知识的引进采取了较为积极的态度，西方科学技术的传播得以活跃起来，引发了一阵“兰学热”。从兰学成果看，仅 1744—1852 年

---

① 郑彭年：《日本西方文化摄取史》，杭州大学出版社，1996 年，第 56 页。

② 参见[美]帕尔默、科尔顿：《近现代世界史》，孙福生等译，商务印书馆，1988 年，第 743 页。

翻译西学书籍一项即达500部，参加翻译的人数117人。另据统计，至明治初年，译书的数量更是达到700余种。[①] 经过兰学家们的不懈努力，兰学在日本得以较快发展，并逐渐深入人心。

清政府在鸦片战争中的失败惊醒了一直以来“以中华为师”的日本人，尤其是那些具有近代忧患意识的先进知识分子。随后1853年的黑船叩关以及接下来的“安政改革”(1855—1860年)则使日本展现出一番与以往大不相同的新气象——幕府向荷兰商馆订购西式军舰、枪炮及引进军事书籍，派人赴海外学习荷兰炮术；又成立洋学所、长崎海军传习所。各藩也竞相学习西方近代科学技术：长州藩采用西式枪炮、制造洋船、刊行世界地图，萨摩藩引进西方技术炼铁并制造枪炮、农具、蒸汽船，肥前藩制造火炮等。这标志着日本学习西方思想文化发生了重要转变，即由被动、零星地接受西方文化，转变为主动、系统地学习和引进西方思想文化。洋学既包括荷兰文化，同时也包括英国、俄国、美国、德意志等国传来的思想文化。其内容也从以自然科学为主，很少涉及社会科学，转变为学习和研究一切西方的科学文化思想。[②]

任何事物都具有两面性，在系统学习西学知识的过程中，日本人确实收获颇丰，这一点是不可否认的。但对于那

---

① 参见吴廷璆主编：《日本近代化研究》，商务印书馆，1997年，第489页。

② 参见许晓光：《论明治维新前后日本洋学兴盛的社会条件》，《四川师范大学学报》(社会科学版)2008年第3期。

些直接从海外引进的书籍中所写的专业性极强、艰涩难懂的内容，日本人一时很难完全掌握，仅仅依靠一些有海外经历以及略通西方语言的人难以完全解决问题。因此，大量引进西方国家各个领域的专家前来工作便提上了日本政府的议事日程。这些来自西方国家的专家或担任政府各部门的施政顾问，或在工厂传授技术，或在学校任教，源源不断地向日本传播着近代化的理念，促进了近代化事业的开展；而日本人则以面对面、朝夕相处的方式向欧美专家学习，收获大、成绩佳、见效快。客观说来，就西方对日本的影响来说，日本各项近代化事业的推进、工业基础的建立，在相当程度上是欧美专家发挥作用的结果，欧美专家的努力与心血不容小觑。有人曾说："使现在的日本开动起来的是2000名欧美人。"此语虽不无夸张成分，但仍从一个侧面反映出欧美专家对日本近代化起到了不可或缺的作用。

岳恒

2025年5月18日

目　录

绪　论

一、本书缘起

日本是广大非西方后发国家中最早实现近代化的国家。19世纪中叶，当整个东亚地区陷于被产业革命半边缘化和边缘化的深渊之时，日本通过大力引进西方文明成果脱颖而出，开始近代化的急行军。自德川幕府末期，尤其是在1853年日本被迫打开国门与西方国家通商，直至1889年《明治宪法》颁布以及1890年召开首届国会，日本在经济、产业、教育以及其他领域聘请了一大批来自西方国家的专家，他们积极为日本的近代化建设事业出谋划策，努力进行指导和协助工作，甚至有些人由于长期过度热情、忘我地工作而积劳成疾，最终长眠于日本。可以说，这一特殊社会群体对日本政治经济新秩序的构筑以及新文化的发展乃至近代化事业的快速起步做出了巨大的贡献。对其在日本近代化过程中的活动进行历史考察，可以管中窥豹，使我们能够更为直接、清晰地了解和认识欧美专家这一特殊群体在日本走向近代社会、进行社会转型过程中所起到的建设性作用。

本书研究聚焦于在日欧美专家研究，就其理论意义而言，有助于链接19世纪中后期日本近代化历程的发展脉络。德川幕府末期至明治中期（19世纪50年代至90年代）是日本历史上的转型时期，酝酿着大动荡与大改组。大量来自欧美国家的专家、学者和技术人员被日本政府雇用，给日本的近代化事业注入了新鲜血液，带来了先进的经验与技术理念。本书通过考察欧美专家在日本的活动情况，以期明了日本对西方科学技术和制度文化的接受程度、日本传统知识系统容纳异质知识系统的可能性，以及日本传统知识系统的更新和向现代知识系统的转变。作为东亚唯一摆脱了殖民地、半殖民地命运的国家，日本在导入西方科学技术、制度文化和引进欧美专家时，表现出相当的敏锐性和自觉性，从一个侧面反映了日本近代化的顺利发展。

二、学术史回顾

（一）国外研究状况

国外学者对近代欧美专家在日活动及影响的研究起步较早，成果也十分丰富。下面按照时间顺序对西方学界（包括日本）的研究状况做简要论述。

1.1868—1890年（明治前期）

这一时期是欧美专家全面参与日本各个领域近代化建设的阶段。就目前掌握的资料来看，西方学者最早研究在日欧美专家的是美国人威廉·埃里奥特·格里菲斯(William Elliot Griffis,1843—1928),他本人曾在1870—1874年先后担任福井藩洋学校与大学南校的物理、化学教师,接触过多名与自己同一时期来到日本的欧美专家,由此收集到研究这一群体的第一手资料,这为其后来系统地展开研究工作提供了极大的便利。

1876年,格里菲斯出版《皇国》(*The Mikado's Empire*, New York,Harper,1876)一书,在该书中格里菲斯对来自美国的教师、传教士、自然科学工作者有惟妙惟肖的刻画,简单记述了他们在推动日本教育改革中所做的努力。在其另一部著作《在日本的拉特格斯毕业生》(*The Rutgers Graduates in Japan*, Albany, The Rutgers College Alumni Association, 1886)里,他特别调查了自己的母校美国拉特格斯大学[①]的毕业生在日本的工作情况。

另外,驻在横滨的英国记者约翰·布莱克(John Black)在1880—1881年出版的两卷本著作《新生的日本》(*Young Japan*, Yokohama, Kelly,1880—1881)中,描述了日本自1858年签订安政五国条约之后,在开放口岸如横滨、长崎等地设立欧美人居留地到1879年最终关闭期间日本所取得的近代化成就,其中也总体介绍了在这些欧美人居留地中由欧美教师开设的洋学校招收日本学生的情况。

---

① 又译"罗格斯大学"。1776年成立,起初是荷兰改革教会学校,后来归美国新泽西州政府所有,历史上与日本关系密切,曾在幕末直至明治时期向日本派遣大量教师。

专注于日本学研究的英国人巴希尔·张伯伦(Basil Chamberlain)于1873年5月来到日本,在1874—1882年担任位于东京的日本帝国海军学校的英文教师,随后成为东京帝国大学的教师,在此期间出版了百科全书式的《日本事物志》(*Things Japanese*, London, Kegan Paul,1890)一书,在该书中专门辟出一章"雇佣欧美专家:新日本的创造者",简单分析了欧美专家在日的活动、功绩及影响,尤其对日本国内学界忽视对欧美专家在近代化过程中作用进行研究的现象提出了批评。

总之,明治前期是日本政府各部门雇佣欧美专家的"黄金时期",日本的近代化启动阶段被称作"雇佣外国人的时代"。比如1870—1885年的工部省雇有大量欧美专家,此外,文部省、司法省、外务省及大藏省都是聘用欧美专家的核心部门。从1890年前后开始,欧美专家的影响力开始逐渐减弱,日本政府走向产业自立,独立承担起本国近代化事业的重任。在此期间,政府各官厅保存的大量档案资料记载了欧美专家的相关信息,为系统地研究欧美专家在明治时期日本的活动奠定了基础。

2.1890—1912年(明治后期)

前一时期对欧美专家的研究以简单介绍为主,而在该阶段,西方学界开始逐步进行具体、深入的研究工作,视野也开始从宏观转向微观。尤其是格里菲斯成果颇丰,研究对象也由整个欧美专家群体转向活动更为丰富多彩的个人。

在众多来到日本的欧美专家中,贡多·弗里多林·维尔贝克(Guido Fridolin Verbeck,1830—1898)无疑最具典型意义。他在日本工作与生活了近40年(1859—1898),在教育、国家制度建设等诸多领域贡献很大,被后世誉为"明治维新的保姆、近代日本建设之父",是获得明治政府颁发的旭日勋章[①]奖励的少数几位欧美专家之一,同时还被特别批准享有永久居留权。作为一位教育家,维尔贝克培养的学生可谓群星闪耀、人才辈出,包括大久保利通、大隈重信、副岛种臣、江藤新平、大木乔任、加藤弘之、杉亨二、细川润次郎及横井小楠等一大批人,他们后来都成了明治政府推进各项近代化事业的领导人物。可以毫不夸张地说,维尔贝克为日本近代化事业奠定了坚实的人才基础。对这一典型人物进行细致研究,能够管中窥豹,更好地开展对欧美专家这一群体的研究。

格里菲斯写的《日本的维尔贝克》一书全面、生动地记述了维尔贝克的生平,全书以第一人称叙述,显得较为生动、活泼,尤其侧重于记述其在日本所起到的建设性作用。他作为学习西方科学文化知识专门学校的教师,后来成为大学南校(后于1877年合并组建为东京大学)的教务长,为日本的近代化事业培养了一大批杰出人才。在成为明治政府顾问以后,维尔贝克首先建议新政府应派遣一支由贵族、高官组成的外交使节团出使美欧,这直接促成了日后岩仓使节团的成

① 旭日勋章制度制定于1875年,旭日勋章主要颁发给对国家和公众有杰出贡献的日本人和推动所在国与日本友好关系的外籍人士,是日本国内高级别荣誉奖章之一。

立及其使外活动。此外，他还在政府制定及颁布《学制》和官阶制度建设方面起到了关键作用。格里菲斯作为维尔贝克的好友，本身也受其邀请来到日本授徒讲学，因此有极大的便利搜集到维尔贝克与家人、明治高官之间来往的信件资料，这些资料对本书研究具有很重要的价值。可以说，该书作为首部研究在日欧美专家个人的著作，在今天仍有极为重要的参考价值。除此之外，在格里菲斯的另一本著作《进化中的日本国民》(*The Japanese Nation in Evolution*，Themas Y. Crowell & Co.，New York，1907)中也有一章"来自欧美的侍者与助手"，对欧美专家的存在价值进行了集中阐释。

为了对明治政府曾经雇佣的欧美专家进行更为系统、专门化并且分领域的研究，格里菲斯于 1901 年开始着手收集相关资料。时至今日，在其母校拉特格斯大学图书馆收藏的"格里菲斯文库"(The William Elliot Griffis Collection)中有与明治时期在日欧美专家相关的大量资料。这些内容翔实的资料展现了日本近代史上服务于各个领域的欧美专家的个人经历及贡献。这些资料有一部分是格里菲斯通过调查取得的，调查项目如下：a.出生年月；b.教育背景；c.在日本服务的概况；d.来日及离日时间；e.在日个人待遇情况等。后来，他以"日本的欧美助手们"(Japan's Foreign Helpers)为题向日本政府递交了自己的研究报告书，可谓开研究之先河。

可以说在当时，对在日欧美专家的调查、研究工作主要在欧美学者中展开，尚未进入日本学者的视野。随着近代学术思想在日本逐渐生根发芽，研究这一对日本近代化进程产生重大推动作用的群体开始得到日本学术界的重视。例如，1896 年适逢西博尔德(P. F. von Siebold，1796—1866)诞辰一百周年，日本医学家吴秀三出版了《西博尔德传》(吐凤堂，1896)，对这位自幕府末年就来到日本的德国医学家进行了简要介绍，揭开了日本学术界开展欧美专家这一特殊群体研究的序幕。

1908 年，以大隈重信为会长的大日本文明协会创立，其设立的主要宗旨在于“研究日本与世界文明的交流、融合状况”[①]。该协会的会刊《日本杂志》(*Japan Magazine*)在 1910 年发表了著名政论家志贺重昂的一篇文章《帮助建设日本的欧美人》，Vol.1，No.4，May，1910，这标志着研究在日欧美专家的工作开始在日本逐渐展开。

3.1912—1926 年(大正时期)

这一时期的研究依旧以欧美学者为主，出版了一大批相关著作。格里菲斯的《皇国：日本内部政治推动力的研究》(*The Mikado：Institution and Person；A Study of the Internal Political Forces of Japan*，Princeton，1915)专门记述了明治初年日本政府的中枢部门——太政官里任职的欧美专家，如维尔贝克以及法国顾问鲍斯奎特(A. Bousquet)等人对于日本近代政治建设所起的作用；曾在明治时期担任东京大学教授的美国人莫尔斯(E. S. Morse)所写的《日本的进

① 联合国教科文组织东亚文化研究中心编：《资料御雇外国人》，小学馆，1975 年，第 5 页。

步》(*Japan Day by Day*,2 vols,Boston,1917),是一本他在日期间所写的日记汇编,里面对于欧美专家,尤其是在教育领域服务的欧美教师、教育工作者也有很多细节描写;另外,德国东亚传教协会的传教士奥托·施米德尔(Otto Schmiedel)出版了《在日本的德国人》(*Die Deutschen in Japan*,Leipzig,1920)一书,里面着重分析了明治时期在日本近代政治、法律以及工程建设领域服务的德籍专家的活动情况;前驻日英国翻译官厄内斯特·萨托(Ernest Satow)所写的自传体回忆录《在日本的一位外交官》(*A Diplomat in Japan*,London,1921)中结合自己在日本工作的亲身经历与感受,对各国专家在日本外交部门的服务情况有一定的描写。

进入20世纪20年代,日本学术界对于该领域的研究也逐渐活跃起来。吉野作造[①]发表了一篇题为《明治文化研究的新视角》(《新旧时代》1926年第4期)的文章,认为应该用全新观点诠释明治时期的日本文化特征,呼吁日本学界同人重视欧美专家在近代日本移风易俗、传播西方文明中的贡献,并展开进一步的研究工作。1924年12月,日本文明协会组织下属400多名会员,集体编订出版了大型纪念特刊《明治文化发祥纪念志》,书中收录有一节"塑造明治文化的欧美人概况",标志着日本学术界首次就来日欧美专家问题进行

---

① 吉野作造(1878—1933),活跃于日本大正年间的政治学者、思想家、文化研究家。在东京帝国大学任教,大正民主运动的发起人。

综合的调查研究，具有重要意义。

4.1926—1945年（二战结束前）

由于世界局势的持续动荡，以及席卷全球的经济危机和“二战”这一人类历史浩劫的发生，这一时期关于此问题的研究成果并不是很多。依托于明治文化研究会①，吉野作造于1927—1930年主编了大型丛书《明治文化全集》，共25卷。其中外交、法律、教育、文学艺术、杂史、科学诸篇均涉及了一些明治时期相关领域欧美专家的资料，如博索纳德（G. Boissonade，1825—1910，法国人，奠定日本近代民法、刑法的基础）、菲诺罗萨（E. Fenollosa，美国人，东京大学哲学教授，重新评价日本美术、哲学）、罗埃斯勒（H. Roesler，1834—1894，德国人，协助制定《明治宪法》）、格拉塔玛（K. Gratama，荷兰人，在日传播西方近代科学思想）及莫尔斯（美国人，东京大学生物学教授，发现大森贝冢，将进化论首次介绍到日本，奠定日本近代生物学的基础）等人的资料。

此外，该书的欧美文化篇还收录有由中外堂刊行于明治五年（1872）3月的《御雇外国人一览》，其对分领域研究明治初年欧美专家在日活动状况有极大帮助。这份珍贵的资料共收录有214名专家的姓名、国籍、薪俸、服务期限、所属部门和职务等信息，毫无疑问是研究这一问题的第一手档案资料。通过研究我们发现，截至当时，共有214名欧美专家、学

① 1924年11月，为了更加全面、具体地研究明治时期日本文化，以吉野作造、尾佐竹猛为发起人，联合其他志同道合的学者建立。

者、技术人员服务于明治政府，他们大多来自英、法、美三国（占三分之二以上），这一特殊社会群体为日本的近代化事业做出了不可磨灭的贡献。

经过较长时间的收集、整理资料，1937 年由日本学者重久笃太郎、天野敬太郎合编的《明治文化相关之欧美人名录》出版，其中收录了明治时期政府各官厅所聘用的欧美专家名录及大事记，这些专家多与教育、文化领域有关。

5.1945 年至今（二战结束之后）

二战后，对这一问题的研究进入大规模展开阶段，研究视角逐步朝全方位、多角度的方向转变。经过前面几个阶段的准备，相关学术成果在这一时期大量涌现。

1953 年适逢日本开国一百周年纪念，紧接着 1968 年又值明治维新百年纪念，这就促使日本学术界开始对明治维新的各个层面进行更加系统的研究工作。1968—1976 年，鹿岛研究所出版会集合日本各个领域的知名专家、学者，陆续出版发行了多卷本的《雇佣外国人》丛书，其各分卷包括：梅溪昇《概说》、吉田光邦《产业》、上野益三《自然科学》、山田直匡《交通》、重久笃太郎《教育·宗教》、高桥善七《通信》、土屋乔雄《金融·财政》、石桥长英与小川鼎三《医学》、野村光一《音乐》、梅溪昇《政治·法制》、今井庄次《外交》、原田一典《开拓》、重久笃太郎《地方文化》、村松贞次郎《建筑·土木》、隈元谦次郎《美术》、金井圆《人文科学》等。该丛书全面介绍了欧美专家对日本各个领域的近代化建设的贡献，对于研究欧美专家这一社会群体具有重要的参考价值。

日本著名学者梅溪昇在该领域的研究颇有建树，经过充分挖掘和利用“格里菲斯文库”的第一手档案资料，写成了其代表作《雇佣外国人：明治日本的助手们》（日本经济新闻社，1965 年），该书在 2007 年经过修订后由讲谈社再版发行。该书讲述明治时代，受日本政府邀请，来自英、法、美、德等国的大量专家，在政治、经济、法律、教育、外交、产业等多个领域，为近代日本的国家制度建设和技术改良与创新，贡献了自己的力量。

此外，他还监译了《近代化的推进者们——留学生、外国专家与明治维新》一书，全面描述和分析了欧美专家在日本近代化大潮中扮演的举足轻重和无可替代的角色。该书辟有专门章节探讨明治年间欧美专家的作用，如第三章第一节总体描述了欧美专家在日本服务的情况，第二节分门别类、条分缕析地研究欧美专家对近代日本发展的具体影响，第三节则详细阐述了明治政府对欧美专家的政策演变，即从 19 世纪六七十年代开始的全面依赖关系到八十年代后欧美专家被大批归国的海外留学生逐渐取代。

总而言之，日本学术界在二战后对此问题的研究是比较充分的。日本著名教育学家尾形裕康的《西洋教育移入的途径》（讲谈社，1961 年）一书运用各种统计方法详细考察了明治时期欧美教师在近代日本教育转型中的作用。坂田吉雄、吉田光邦合编的《世界史中的明治维新：以欧美人的视角分析》（京都大学人文科学研究所，1973 年）一书引用了当事人的大量口述资料，显得弥足珍贵。此外，重久笃太郎的《明治文化与西洋人》(思文阁,1987年)也有很重要的参考价值。大桥昭、平野日出雄合著的《明治维新与雇佣外国人:维尔贝克的一生》(新人物往来社,1988年)对维尔贝克在日本的活动进行了全面的介绍,尤其突出地反映其作为明治政府顾问在许多政策出台到执行过程中所扮演的重要建设性角色,分析了其对近代日本国家建设所做出的努力与杰出贡献。

西方学者的研究成果也很丰富。加拿大不列颠哥伦比亚大学教授海泽尔·琼斯(Hazel Jones)于1965年来到日本,数年间她遍查《大隈文书》中与明治时期在日欧美专家有关的档案资料,还查阅了日本外务省的历年记录及海军文书等大量材料。经过充分的准备工作之后,她先后在 *Monumenta Nipponica*[①] 上发表了两篇论文:《明治政府对欧美专家的政策演变之分析》(The Formulation of the Meiji Government Policy towards the Employment of foreigners, *Monumenta Nipponica* 23:1-2,1968)、《幕末外籍专家》(Bakumatsu Foreign Employees, *Monumenta Nipponica* 29:3,1974),详细论述了欧美专家来日前后日本各级政府对其采取的政策变化,非常具有参考价值。1980年出版的《活机器:明治日本的雇佣欧美人》(*Live Machines: Hired Foreigners in Meiji Japan*, Vancouver: University of

---

① 日本上智大学与哈佛大学亚太研究中心合作研究出版的英文学术期刊,在世界范围内有较大影响力,登载有关日本社会、文化、历史、宗教、文学、艺术等各方面研究的论文。

British Columbia Press，1980）一书，更是其学术研究集大成之作，全面分析了明治时期欧美专家在日本的诸多活动，对参与这一时期日本各项近代化建设事业的欧美专家、顾问、技术人员等进行了较为细致的描述。

此外，美国学者爱德华·比查普（Edward Beauchamp）与入江昭（Akira Iriye）合著的《十九世纪日本的欧美雇员》（*Foreign Employees in Nineteenth Century Japan*，Boulder，1990）一书全面回顾了在明治时期投身于日本各项近代化事业建设的欧美专家与技术人员的功绩。尼尔·佩德拉尔（Neil Pedlar）的《被引进的先驱者们：帮助建设近代日本的西方人》（*The Imported Pioneers: Westerners Who Helped Build Modern Japan*，New York，1990）亦对明治时期的在日欧美专家进行了专门的分析与研究。美国著名日本史研究专家、普林斯顿大学教授马里厄斯·詹森（Marius Jansen）的《明治日本的崛起》（*The Emergence of Meiji Japan*，Cambridge，1995）一书节选自其担任编辑撰写的《剑桥日本史》（*The Cambridge History of Japan*）第五卷，其中第三章"日本政府推进国家近代化的努力"中对于这一时期欧美专家的作用有精彩评论，书中充分肯定了以维尔贝克为代表的一批欧美专家对日本成功实现向近代国家转型的巨大作用。美籍日裔日本史学者哈恩（Mikiso Hane）的《近代日本的历史考察》（*Modern Japan: A Historical Survey*，Boulder，2001）一书全面回顾了自 1868 年明治维新以来直至 20 世纪 90 年代泡沫经济时期的日本历史发展脉络。该书将较多篇幅放在近代日本社会文化的变迁方面，其中相关章节也对明治初期的欧美专家这一特殊社会群体有精辟的论述。

（二）国内研究状况

相对于国外史学界的研究，国内目前对明治时期在日欧美专家的研究尚处于起步阶段。日本学者渡边与五郎在与我国学者李素桢等人合著的《西学东渐：中日近代化比较研究》（中国社会科学出版社，2008 年）一书中，着重比较分析了中日两国在近代科学文化、科技教育、技术产业引进方面的异同，并揭示了存在这些异同的深层次原因。其中第四章“西学东渐与日本近代产业化研究”及第五章“西学引进与近代经济研究”都指出日本近代产业的飞速发展与明治政府积极引进欧美专家进行指导与协助密不可分。书中还特别提到东京大学在成立初期聘用的欧美教师占到本校教师总人数的三分之二以上，欧美教师对学校的学科建设和教学管理都起到了极为重要的作用。最后总结说，当时的一批欧美专家，在政治、经济、产业以及其他领域，努力进行指导和协助工作，对日本政治经济新秩序的构筑及新文化的发展做出了不可磨灭的贡献。

据笔者掌握的资料来看，除了郑彭年先生的《日本崛起的历史考察》（人民出版社，2008 年）及其翻译的日本学者杉本勋的《日本科学史》（商务印书馆，1999 年）对这一问题进行了简要叙述之外，国内其他相关专著只是对这一特殊社会群体略有提及，并未进行深入分析探讨。可以说，国内对明治前后来日本的欧美专家的研究，一般性介绍偏多，专题性研究较少，更没有对其在日的实践活动进行系统考察。2018 年适逢日本明治维新 150 周年，相信随着国内史学界对日本明治维新史更为系统、深入的研究工作的开展，众多欧美专家及其对日本近代化事业所做出的贡献，必将引起更多研究者的关注。

三、基本理路

（一）研究思路

本书主要利用现已掌握的史料，并结合相关专著，对这些材料进行分类整理和总结概括，采取史料分析、史论结合的研究手段和方法进行研究。通过分析欧美专家这一社会群体在日本近代化中的作用，力图使大家更加深刻地理解日本近代化的重要研究维度。

本书除绪论和结语外，共分四章。

第一章，阐述日本在近代化启动阶段因自身缺乏进行各个领域建设的专业人才而从西方各国引进的背景，其中着重分析了引进欧美专家的方式以及引进的过程和相关特点。

第二章，通过对欧美专家在日本铁路业、制丝业和采矿业等重点部门走向近代化过程中的作用分析，揭示其对于日本产业革命发展所起到的重要推动作用。正是这些欧美专家的辛勤工作，为后来日本大规模产业革命的到来打下了坚实的基础。

第三章，通过对欧美专家在日本近代教育体制构建过程中所起作用的分析，揭示其在帮助日本制定近代教育法规以及设置专门教育机构中所扮演的重要角色。

第四章，通过对欧美专家在日本近代法制建设尤其是立法活动的描述，反映其在推动日本较为顺利地移植西方近代法制文明方面所做的努力。

（二）研究方法

笔者以分析和综合的方式形成本书的整体思路，并在占有相关文献和已有研究成果的基础上，以马克思主义史学理论为指导，运用历史分析的方法，史论结合，探讨欧美专家与日本近代化历程之间的关系。在研究方法上力图做到宏观与微观相结合，在整体研究的同时，注意对具体情况进行分析。在本书框架上，将明治时期在日欧美专家作为一个整体来研究，着重分析其对于日本走向近代国家所起的作用，同时对欧美专家在日本各个典型领域的近代化进行研究，使对此问题的研究能够形成一个相对完整的脉络。

四、创新之处

本书的创新之处主要体现在以下两个方面：一是选题创新。国内目前尚未见到专门研究近代在日本工作和生活的欧美专家这一群体的论文或专著，做一般性介绍的居多，专门、系统的研究成果基本没有。有感于此，笔者写作本书仅为国内学术界初辟一个探究日本近代化研究的新领域，望前辈同行进行深入研究。二是立意创新。广大非西方后发国家实现自身近代化的途径是多种多样的。本书主要强调一国通过引进西方发达国家的人才,借助其带来的先进技术与管理经验,可以更为有效地利用后发优势进入发达国家行列,实现跳跃式发展。

五、需要说明的几个问题

(一)欧美专家

本书所指的欧美专家,是指在1853—1890年日本近代化发展阶段,尤其是在明治政府成立后所雇佣的欧美人士,他们精通某一方面的知识,涵盖人文社会科学、自然科学等诸多领域。作为优质的人力资源,这些欧美专家对日本接受西方科学技术以及制度文化起到了重要作用。雇用欧美专家开始于幕末的雇用荷兰人,而随后雇用的英、法两国人士占多数,当时幕府及诸藩所雇的各级欧美专家合计约200人。其中也有一些人被明治政府继续聘用,为日本各项近代化事业做出了杰出贡献。后期则以德国专家为主要力量。据不完全统计,截至明治二十年(1887年),雇用的欧美专家人数达到2000多人。

(二)日本的近代化

所谓近代化,就是指资本主义化的过程,即资本主义经济体制和社会制度从产生到发展直至确立的过程。至于日本近代化的时间限定，学界众说纷纭，莫衷一是。日本近代化的时间，大体上讲可分为广义和狭义：从广义上说，日本的近代化自明治维新开始到第一次世界大战结束；从狭义上说，自明治维新到明治三四十年间。日本近代化的最基本内容有两个方面：一方面是经济的近代化，这主要表现在生产与流通领域的产业革命化，即工业化与技术化；另一方面，则是社会的近代化，这主要表现在国家与社会的政治制度以及人与人之间的关系的宪政化与民主自由化。①

在写作本书时，笔者将欧美专家在近代日本的活动时间界定在 1853—1890 年，即自日本被迫打开国门、与各国开展贸易，到召开国会，确立了形式上三权分立的资本主义议会政体，由此从国家制度，即上层建筑层面标志着日本近代化的初步完成。之所以这样划分，是因为西方科技知识并不是突然在明治时期转移至日本的，欧美专家也同样不是突然在明治时期来到日本的，幕府末期西方科技知识就已经开始在日本传播，欧美专家就来到了日本，这为日本的近代化创造了良好的前提条件。幕府末期与明治时期只是更换了执政者，相关工作是连续进行的。本书选取 1853—1890 年作为写作的时间范围，也正是出于这一考虑。

① 参见刘天纯：《试论日本近代化的几个问题》，载中国日本史研究会编：《日本史论文集》，生活·读书·新知三联书店，1982 年，第 319 页。

第一章　日本近代化的起步与欧美专家来日

欧美专家作为重要的人力资源，并不是一下子就遍及日本各个领域的近代化建设之中，而且起初规模也并不大，只是服务于个别领域（如教育、工业等）。但欧美专家对日本近代化的历程无疑产生了重要影响，其作为异质文化——西方文化的传播者来到日本工作，本身也面临着诸多困难与障碍，如何尽快地融入日本社会，成为欧美专家能否在日本取得成功的关键。

第一节　日本引进欧美专家的开端

一、日本近代化的启动

19 世纪中叶，欧美各主要资本主义国家相继完成了工业革命，为了争夺原料产地和商品倾销市场，凭借其强大的军事实力，它们开始积极对外扩张。就在此时，西方列强纷纷将自己的触角伸向日本。

在西方列强叩关日本之前，日本的实际统治者德川幕府一直推行闭关锁国的政策。但是这一政策并未抵挡住西方资本主义势力的入侵浪潮，相反却使其入侵浪潮愈演愈烈。从 1794 年到 1823 年的短短 30 年间，西方列强的舰队来日本活动有 19 次，其中俄国 8 次，英国 8 次，美国 3 次。而从 1824 年到 1854 年间则有 29 次，其中英国 11 次，美国 10 次，俄国 6 次，法国 2 次。① 英、俄、美、法等国的军舰、商船频频闯入日本附近海域，德川幕府面临严重的政治危机和民族危机。

在列强当中，正在推行其领土扩张计划的俄国很早就对日本表现出浓厚的兴趣。“沙皇俄国因为染指日本北方领土而成为列强中最早冲击日本的国家，充当了向锁国日本叩关的急先锋。”②1792 年，俄国官方首次派遣以拉克斯曼为首的使节团前往位于北海道的根室，提出与日本通商的要求，但遭到幕府的拒绝。1804 年，俄国使节列扎诺夫来到长崎，再一次要求开国通商，当再次遭到拒绝后，俄国军舰便袭击了附近地区作为报复。1853 年 7 月，俄国海军司令普提雅廷率领四艘军舰驶抵长崎，要求与日本划定国界以及商谈开国通商事宜，幕府采取安抚政策，答应两三年后解决。

英国作为世界上第一个完成工业革命国家，在东亚地区攫取殖民地一直是它梦寐以求的目标，它通过派遣各种船只来到日本附近进行调查活动，刺探日本虚实，相机采取下一

① 参见张晓刚：《日本幕末开国对策探析》，《东北亚论坛》2007 年第 5 期。

② 万峰：《日本近代史》，中国社会科学出版社，1981 年，第 25 页。

步行动。1808 年，英国军舰费顿号闯进长崎港，骚扰沿岸居民，在获得长崎奉行提供的燃料、淡水和粮食之后，扬长而去。这一事件在日本引起了巨大的震动。

而美国则比其他任何国家都更加迫切地要求日本打开国门：当时有很多美国捕鲸船只在北太平洋和日本近海海域开展捕鲸作业，因此美国一直想为捕鲸船队建立燃料补给基地。1853 年 7 月，美国派海军准将培理率舰队到达浦贺，强迫幕府接受要求日本开港的国书。随后，培理于 1854 年 3 月再次率舰队抵日，在神奈川以武力强迫日本签订了《日美和亲条约》(即《神奈川条约》)。该条约的签订乃是日本开放国门的第一步。之后，其他西方国家争相同日本谈判。1854 年 10 月，英国与日本签订了《日英和亲条约》。俄国不甘落后，于 1855 年 2 月逼迫日本签订了《日俄和亲条约》，实现了从日本海进入太平洋的梦想。1856 年 1 月，荷兰也与日本签订了《日荷和亲条约》。[①]

幕府最终屈服于西方列强的炮舰政策，日本的各级统治者逐渐认识到固守所谓“祖制、家法”的锁国政策，已然无法应对多变的时局。而几乎与此同时，近邻中国在与英国的鸦片战争中溃败并逐渐沦为半殖民地国家的悲惨遭遇，更是给日本带来了“唇亡齿寒”的危机感。当时摆在日本民族面前只有两条道路：一条是以不变应万变，继续维持锁国体制，最后结果当然只有步中国之后尘成为西方列强的“鱼肉”；另一

① 参见吴廷璆主编：《日本史》，南开大学出版社，1994 年，第 318—319 页。

条则是打开国门，积极向西方学习，变法图强，有效阻止西方资本主义势力的进一步入侵。日本毫无疑问选择了第二条道路，各级统治者决定尽快实现近代化。因此，日本开始主动敞开国门，努力摄取西方先进科学文化知识。日本的近代化进程也正是在如此严峻的外部压力之下被强行启动的，全方位移植西方近代发展模式已刻不容缓。

此外，当时的日本由于幕藩体制的存在，天皇处于没有实权的地位，幕府将军独揽大权，各藩也拥有一定的藩政自主权，可以说日本缺乏统一的政治核心力量。随着时间的推移，尤其是自 19 世纪中期以来，西方资本主义势力染指东亚地区，列强频频在日本沿海活动，海防告急。外部压力的日益增大使得日本各级统治者开始思考图强举措，以积极的开国意识应对这一“变局”，以求自保。在这期间，幕府及地方各藩尤其是萨摩、长州、佐贺等西南强藩首先开始在军事领域进行全面改革，以充实武备、改革军制为中心，积极开展近代事业的建设工作。一方面，采用西方军事训练方法，培养军事人才以御外患，并且聘请欧美军事教官前来日本进行指导。1855 年和 1857 年，在幕府的主动请求下，荷兰政府先后派遣以佩尔斯・里肯（Pels Rijcken）与卡廷迪克（Kattendijke）为代表的三十多名海军军官赴日，帮助日本人在长崎开设海军传习所。他们在学校教授日本学生航海术、运用术、造船学、炮术、船具学、测量学、算术、机关学等课程，并在实际讲授过程中十分注重对学员进行航海实践活动的指导，为日本培养了大量海军人才。除此之外，荷兰陆军二等军医范·米尔德沃特(Van Meerdervoort)作为随行军医也来到传习所,主讲物理、化学、解剖学、绷带术,将西医理论系统地传播进来。长崎海军传习所于1859年2月关闭,该校成为日本近代海军的摇篮,在前后近五年时间里(1854—1859年),这些荷兰军事教官无疑扮演了举足轻重的角色。后来,幕府又招募了多名来自法国的军事教官前来协助改革军制,将步兵、骑兵和炮兵三大兵种的编制方式介绍到日本,进一步传播了近代军事思想。

另一方面,幕府还从国外聘请大批技术专家,帮助自己创办了许多近代工业,如浦贺造船所、石川造船所和关口制造所等。在法国的帮助下,横须贺制铁所与横滨制铁所建成并投入使用。1866年10月的调查统计显示,两大机构先后共聘用了52名法国技术人员。[①] 与此同时,以萨摩、长州、佐贺为代表的地方各强藩也积极整顿洋学设施、开展洋学教育、创办近代工业,其中最为关键的一项举措就是从国外引进人才。比如萨摩藩于1865年3月从英国引进了28台精纺机和织布机,随后建成的鹿儿岛纺织所的纺织机械也全是从英国购入,并且雇用了6名英国技师指导操作,该纺织所开创了日本近代工业的先河。东京炮兵工厂聘请来自德国、法国、比利时三国的专家进行指导,并从西欧各国进口机器设备。大阪炮兵工厂也是在引进欧美技术和设备后,制造出法

① 参见[日]梅溪昇:《雇佣外国人:明治日本的助手们》,讲谈社,2007年,第55页。

式火炮的。采矿业领域也大量引进欧美采矿设备和技术，聘请欧美采矿业技师指导开采。日本从之前仅仅重视西式武器的购买以及对军事理论、工学等的研究，到开始移植西方军工产业，逐渐尝试建造炮台和反射炉、铸造西式大炮、制造舰船等。

总之，在德川幕府末期，幕府与萨摩、长州诸藩除了引进西式工业和近代武器、兵制外，还进一步聘用了许多欧美技师和军事教官。其目的就是以此改变日本之前贫弱的军事力量，抵御外侮，进而利用西方先进的工业文明，实现富国强兵的夙愿。当然，这一宏伟目标是无法在落后的封建社会体制与经济形态下实现的，但这为今后明治政府的大规模维新变革奠定了基础。可以说欧美专家的引进与日本近代化的启动是同步的，而随着改革的深入，欧美专家也由相对集中在军事技术领域，扩大到日本近代化建设的其他领域之中。

二、日本引进欧美专家的途径

综观这些来自西方的专家们，其进入日本的途径是千差万别的，有的是通过欧美驻日官员的举荐，有的是日本政府委任驻外官员考察推荐，还有的是起用已经在日本定居的外籍人士。

（一）欧美驻日官员举荐

自从黑船来袭，日本被西方各国强行打开国门之后，它对于西方文化敞开了自己的胸怀，开始积极吸纳西方近代科学文化知识。1858年，实际上行使日本中央政府职能的德川幕府与美国签署了具有不平等条约性质的《日美友好通商条约》。紧接着，荷兰、俄国、英国和法国也先后用威逼利诱的办法，与幕府缔结了类似的条约。这些条约规定开放箱馆、兵库、长崎等五个港口，江户（倒幕运动成功后改称"东京"）和大阪被辟为商埠，各国可派驻领事。日本由此进入了由欧美国家主导的条约体系。开国后的日本成为西方各国的角力场，英、法、美等国为了在日本攫取更多利益，通过各自驻日本的官员向日本政府推荐本国专家赴日工作。尽管说该举措主观上带有一些殖民侵略的意味，但毫无疑问也在客观上促进了日本的近代化建设。比如在近代军队建设方面，1855年，幕府通过长崎出岛的荷兰商馆馆长寇秀斯（J. D. Curtius，实际担任荷兰驻日领事职务）的引荐，雇请以海军中尉里肯（Pels Rijken）为首的荷兰军官、技师等二十二人作为教官，并在长崎开设海军讲习所传授海军技术。海军讲习所招收的学生除了胜海舟、榎本武扬等幕臣外，还包括来自萨摩和佐贺等藩的藩士。他们在荷兰教官里肯以及卡廷迪克（Huijssen van Kattendijke）等军事专家的悉心指导下，学习航海、造船、数学、机械、建筑、测量、天文、地理和世界历史等多门课程，成为日本首批海军专业人才。后来的明治政府也接受英国驻日公使馆的推荐，雇以中校道格拉斯（A. L. Douglas）为代表的英国海军教师团，在位于东京筑地的海军兵学寮为日本培养具有近代素质的海军士官，由此奠定了日本海军建设向英国学习的基础。而在陆军方面，经过法国驻日领事罗歇从中斡旋，以查诺内（Charles Sulpis Jules Chanoine）中校为团长，包括布吕内（Jules Brunet）炮兵上尉和鲍斯奎特（Albert Charles Du Bousquet）中尉等十五人的法国陆军教官团于1867年初抵达横滨，向幕府军队传授法式陆军训练方法。查诺内还曾经向幕府提出过建设一套完整的近代陆军军制的建议，可惜因为时局的突变而未果。由于当时法国陆军在西方世界中居于领先行列，明治政府后来的陆军建设也以法国为模仿对象，直到普法战争之后改学普鲁士（德国）模式。另外，为日本明治时期的外交事业殚精竭虑的美国人丹尼森（H. W. Denison）也是通过时任美国驻日大使德朗（De Long）的引荐，于1880年来到日本，出任外务省顾问。

（二）日本驻外官员推荐

明治政府成立后，百废待兴，为了更好地吸收西方的先进文明成果为己所用，便开始委托驻外官员利用自身工作的便利条件，考察并推荐所在国的专家前来指导。为了更加有针对性地引进欧美专家，明治政府还根据该国所擅长领域引进相关专家。比如法国在当时欧洲诸国中被公认为是法制最为健全的国家，日本政府就要求驻法使馆的工作人员积极联系法国的法律学者、教师前来日本任教。时任巴黎大学法学教授的博索纳德就受日本驻法公使鲛岛尚信的特别推荐，于1873年赴日担任司法省法律顾问，并且在日本一待就是22年（1873—1895年），对将法国法律制度介绍到日本做出了巨大贡献，此外，其还协助起草了明治民法和刑法。另外，在其建言下，司法省还专设了司法学校，用以培养近代法律人才。英国作为世界上率先完成工业革命的国家，其国内建立了一套完整、系统的工业体系，因此日本政府委托驻英领事馆积极引进英国技术专家。曾师从西方近代工学教育创始人兰金（William Rankine）的工程师亨利·戴尔（Henry Dyer，1848—1918），被聘请担任工部省下辖之工部大学校的校长。一来到日本，他便开始大力改革日本工学教育体制，将当时西方最新的技术理念带进来，引领日本工学教育焕发勃勃生机，紧跟国际潮流，被誉为“日本近代工业教育的奠基人”。1878 年至 1893 年出任司法省与外务省法律顾问的德国法学家罗埃斯勒也是经日本驻德公使青木周藏大力推荐，携家人来到日本工作的。

（三）任用在日欧美人

除上述两种方式之外，这些欧美专家还包括在开国前后就已经在日本定居并进行一定活动的欧美人。比如在荷兰商馆工作的德国医生西博尔德就是其中的代表人物。他早在 1823 年就乘坐荷兰商轮来到长崎，在那里潜心研究日本语言、历史、地理、动植物的同时，还尝试在其所办的私塾——鸣泷塾中教授日本学生西方近代医学知识。当然还有的欧美专家由于自身的种种原因主动来到日本，寻求工作机会。像在日本热心传授瓷器制造技术，协助明治政府开展殖产兴业活动的德国人戈特弗里德·瓦格纳（G. Wagener）

就是因为在瑞士工业学校失业，再加上生意上的不顺利促使他来到遥远的日本寻找工作机会，后来他出任工部省技术顾问以及东京大学理学部教授等。又比如说重新评价日本美术、哲学，挖掘日本传统文化精髓的美国人费诺罗萨（E. Fenollosa）因为自己作为西班牙移民的后代在纽约备受歧视，转而离开美国，在 1877 年来到日本受雇于文部省，成为东京大学的教授。①

第二节　欧美专家受聘明治政府的历程及特点

在日本探求近代化建设之路的过程中，欧美专家扮演了极为重要的角色。为了促使日本早日成为近代国家，早在德川幕府末期，特别是开国之后，上至中央幕府，下至地方各藩，就开始积极聘请来自欧美国家的专家、学者前来指导工作，但那时他们主要集中在军事建设领域，还有一些工业技术领域，所聘人数很少，人员基本上来自荷兰、英国和法国，影响并不是很大。在倒幕运动成功、明治政府建立之后，欧美专家的重要性日益凸显。据统计，从 1868 年（明治元年）至 1889 年（明治二十二年），日本各级政府机关总共聘请了 2299 名欧美专家（不仅包括中高级管理人员，还有一般工作人员），其中有 928 名英国人、374 名美国人、259 名法国人、

① 联合国教科文组织东亚文化研究中心编：《资料御雇外国人》，小学馆，1975 年，第 26 页。

175 名德国人和 87 名荷兰人。[①] 英、美、法、德四个当时世界上最为发达的国家共有 1736 人，占所有欧美专家人数的 3/4 以上。专家所从事的工作领域也进一步扩大，由此全面涉足日本近代化建设的各个方面。从不同国籍人士对各个领域的影响来看，英国人对近代日本的工业、交通、通信产业有较大影响，德国人的影响主要在自然科学、法制建设以及军事组织上，法国人的影响主要在人文社会科学、法律上，而美国人则在教育、北海道的开发以及外交方面有重要影响。

一、1868—1878 年的重点引进

明治政府为了践行“求智识于四方”的远大理想，加速本国近代化建设，进行了两方面的工作，即“请进来”和“派出去”。所谓的“请进来”，就是在国家建设的各个领域招募欧美专家，借助其先进的经验提高自身的发展水平；所谓“派出去”，就是派遣大批留学生前往发达国家学习，待其学成归国后成为领导国家建设的中坚。可以说，与“派出去”相比，“请进来”无疑是更为迅速、有效地提升本国近代化发展水平的途径。而这些专家又不单单来自某一个国家，而是明治政府通过多方考量，从欧美各国全面、系统聘请而来。

从表 1-1 中可以看出，明治初期，来自英国的专家在所有外籍专家中占绝对多数。在 1870 年创建的工部省中有 153

---

① 参见联合国教科文组织东亚文化研究中心编：《资料御雇外国人》，小学馆，1975 年，第 493 页。

名外籍专家，其中英国人占到 68%，其次是法国人(22%)。英、法两国，尤其是英国，是世界上最先完成工业化的国家，工部省雇请大量英籍专家与技术人员是为了尽早实现明治政府工业立国的目标。据 1872 年明治政府公布的《御雇外国人一览》统计，截至当年度政府各官厅总共雇有各类欧美专家 214 人，其中包括 119 名英国人、50 名法国人、16 名美国人和 2 名荷兰人，其分布部门主要集中在工部省与文部省。由此可以看出，维新初期的明治政府寄希望于借助欧美专家的直接指导来进行基础设施建设与培养本国近代化人才。工部省下辖的铁道寮聘请了 53 名专家，灯台寮 47 人，造船寮 24 人，电信寮 11 人，矿山寮 4 人；文部省有 24 人，担任各级学校的教师，有的还帮助政府制订教育发展计划；大藏省的造币寮也雇有 8 名专家，协助明治政府整顿国内币制，发展国内金融事业，而在劝农寮工作的 8 名欧美专家，将西方的农业技术理念带到日本，致力于提高日本的农业发展水平；开拓使也雇有 5 名来自美国的专家，以开发北海道。

表 1-1　1872 年政府机构聘用欧美专家统计

单位：人

政府机构	英国	法国	美国	德国	其他	合计
太政官	—	1	—	—	—	1
外务省	—	—	2	—	—	2
大藏省	7	8	3	—	2	20
兵部省	3	4	—	—	2	9

续表

政府机构	英国	法国	美国	德国	其他	合计
文部省	5	4	6	8	1	24
工部省	104	33	—	—	16	153
开拓使	—	—	5	—	—	5
合计	119	50	16	8	21	214

资料来源：[日]梅溪昇：《雇佣外国人：明治日本的助手们》，讲谈社，2007 年，第 225 页。

为了雇用这 214 名来自各国的专家，明治政府可谓不惜血本，总共支付了 534492 日元的薪金，平均每人的月工资达到 2582 日元，要知道，当时日本政府太政大臣（相当于国家总理）一级的高官月薪只有 800 日元。由此可见，明治政府为了加快推进本国近代化进程可以说是不计成本的。当然，有了这样的高付出，其回报也是极为丰厚的，在分布于各个领域的欧美专家的大力协助下，日本的近代化事业由此驶上了快车道。

在工部省下辖各部门中，英国专家在铁道寮、灯台寮，法国专家在造船寮、制作寮分别占有较大比例。（见表 1-2）明治政府这样安排显然是根据两国在不同领域的优势，这样可以充分发挥各自的特长，促进各个工业领域建设的开展。

表 1-2　1872 年工部省下辖各部门雇用英、法两国专家统计

单位：人

部门	英国专家	法国专家
工学寮	2	—

续表

部门	英国专家	法国专家
矿山寮	3	1
铁道寮	52	—
灯台寮	33	—
电信寮	10	—
造船寮	—	24
制铁寮	—	2
制作寮	—	6
测量司	4	—
总计	104	33

资料来源：[日]梅溪昇：《雇佣外国人：明治日本的助手们》，讲谈社，2007年，第225页。

而在大藏省中，造币寮雇用了以金融专家金德尔(T. W. Kinder)为代表的七名英国专家；同时，劝农寮也有参与管理富冈制丝厂的技师布鲁纳特(Paul Brunat)等七名来自法国的专家在那里服务。

1869年7月，明治政府设置了旨在开发北海道地区的专属机构——开拓使。该部门主要招募美国专家，这是因为明治政府的领导者认为美国自身就是一个不断进行领土开发的国家，其经验自然十分丰富。因此，在1871年，美国前农业部部长开普隆(Horace Capron)应邀来日，之后他将美国的开发模式和经验移植到日本。

从1872年的统计资料我们可以看出，下列职位在当时一定程度上由来日工作的欧美专家担任：铸币厂经理、外语教员、政府部门的顾问、画家、会计师、律师、建筑师、纺织业技师、丝织工厂雇员、医生、教师、矿山工头、火车技师、木匠、船长、铁匠、秘书、机械师、灯塔工程师、造船者、测量员等。由此可见，在当时欧美专家影响到明治时期日本生活的方方面面，也着实反映了日本人对近代事物的大量需求以及欧美专家的活跃情况。

可以说日本从所有的西方先进国家都引进过人才，但并非均等引进，而是重点从英、法、美、德四个国家引进。原因就在于它们在近代科学技术方面处于优势地位，拥有技术上的优势，培养和储备了较多掌握近代科学技术的人才。而此时正值明治政府大举进行产业化建设的阶段，日本在各领域有强烈的人才需求。

1873—1875 年是整个明治时期日本政府雇用欧美专家的高峰期，明治政府全力开展以殖产兴业为中心的建设事业。以 1874 年为例，内务省里的欧美专家一下子达到 27 人；工部省的数字相比两年前亦增加了 65 名，达到 218 人，而英国专家人数占到工部省所有外籍专家的 4/5 以上。此外，由于之前颁布新学制的缘故，文部省雇用了近 80 名外籍专家协助改革各级学校教育制度。(见表 1-3)

随着日本近代化事业的不断推进，新兴事业的范围渐渐扩大，急需新式人才的领域也就相应地增多，于是欧美专家纷纷受聘进入日本教育、工矿企业、交通运输、邮电通信、农业等领域，可以说，凡是日本近代化所触及的领域，一般都有欧美专家担任技术指导或管理工作。但这一时期欧美专家分布的领域又是不均衡的,其集中分布在工程技术和教育领域。由表1-3不难发现,工部省与文部省在所有部门中聘请欧美专家最多,也是最为积极的。的确,这两个部门直接负责殖产兴业与发展近代教育的重要事业,可谓明治政府中推行近代化政策的核心部门,欧美专家在其中的作用是相当巨大的。

表1-3 1874年政府机构聘用欧美专家统计

单位:人

政府机构	英国	法国	美国	德国	其他	合计
太政官	1	1	1	1	1	5
外务省	2	1	6	1	4	14
内务省	9	7	4	—	7	27
大藏省	16	—	7	—	4	27
陆军省	—	36	—	—	2	38
海军省	29	36	—	—	1	66
文部省	25	10	14	24	4	77
工部省	185	13	7	6	7	218
司法省	1	4	1	—	2	8
宫内省	—	—	—	2	—	2
开拓使	1	—	7	3	—	11
合计	269	108	47	37	32	493

资料来源:[日]梅溪昇:《雇佣外国人:明治日本的助手们》,讲谈社,2007年,第227页。

通过聘用大量服务于各个领域的欧美专家及技术人员(见表1-4),日本有效地将西方的科学技术引入本国。这些欧美专家作为产业移植的助手，对推进日本的工业化做出了卓越贡献。在诸如造币、铁路、电信、造船、邮政等部门，除欧美专家、技师之外，甚至连基层车间都有外籍熟练工人进行帮带指导，身体力行地将西方生产技术直接引入日本，加快了日本技术更新的速度。

表 1-4　政府雇用欧美人按职务统计一览

单位：人

年份	指导教师	技术员	办事员	职工	杂役	合计
1873	127	204	72	35	69	507
1875	144	205	69	36	73	527
1880	76	103	40	6	12	237
1885	61	38	49	—	7	155

资料来源：据联合国教科文组织东亚文化研究中心编《资料御雇外国人》(小学馆，1975 年)相关数据汇总得出。

二、1879—1889 年的少量引进

经过前一阶段雇用欧美专家的高峰期，1879 年之后，在明治政府任职的欧美专家数量大大减少。

相比 1874 年，1879 年政府机构聘用欧美专家数量有了明显减少。(见表 1-5)其中，工部省、文部省分别减少了 84 人、34 人，陆军省、海军省减少三分之二多，就连大藏省也减少了一半多。究其原因，1878 年 11 月，工部省向太政官递交了一份上书，希望政府批准裁减一批欧美专家，因为该省目前的支出已经远远超出了财政预算，实在没有充足的经费满

足专家们不菲的薪俸。其实工部省遇到的难题在明治政府的其他各个职能部门都或多或少地存在着，因此考虑到目前政府的财政困难，加上西南战争刚刚结束，政府急需扭转经济颓势，于是在 1879 年 3 月 10 日以天皇圣谕的形式下达给各级部门，酌情裁减所雇欧美专家数量，以节省开支。

表 1-5　1879 年政府机构聘用欧美专家统计

单位：人

政府机构	英国	法国	美国	德国	其他	合计
外务省	—	1	1	1	—	3
内务省	7	1	7	8	11	34
大藏省	5	—	4	2	2	13
陆军省	—	11	—	—	1	12
海军省	15	1	—	2	1	19
文部省	7	5	14	12	5	43
工部省	104	11	2	5	12	134
司法省	1	4	2	—	—	7
开拓使	1	—	9	—	2	12
合计	140	34	39	30	34	277

资料来源：[日]梅溪昇：《雇佣外国人：明治日本的助手们》，讲谈社，2007 年，第 227 页。

海军省随即在该年五月解雇了 21 名英国军事教员。但有一些部门则聘请了更多欧美专家来协助工作。比如内务省的专家数量不仅增加到 34 名，还新设立了驿递局、劝农局、土木局等机构，开展相关建设活动。

相比 1879 年，1885 年政府机构聘用的欧美专家数量更是缩减了近一半。(见表 1-6)其中,工部省缩减的幅度较大,在该部门供职的英国专家仅剩 26 人。可以说,此时日本经过长时期对西方的学习和模仿,已经初步建立起自身的一套工业体系,欧美专家的作用也显得不是那么至关重要了。文部省中来自美国与法国的专家数量也明显减少,而来自英国与德国的专家则成为主力,这自然有明治政府教育政策转向的原因,明治政府开始更多地强调中央与地方教育政策的一致性,减少地方自治教育活动的开展。此外,在明治政府的中枢机构——太政官工作的六名欧美专家中,就有一半来自德国(其中包括协助起草《明治宪法》的德国专家罗埃斯勒)。虽说日本海军学习英国的方针始终不变,但德国陆军对日本近代陆军建设的影响日益显著。特别是在这一年(1885 年),曾参加过普法战争的德国陆军大学教官麦凯尔(Klemens J. Meckel)受邀来到日本,被聘请为参谋本部顾问并担任陆军大学教官,时任陆军总务局局长桂太郎、参谋本部次长川上操六等将其奉若神明,言听计从。之后,日本陆军建设加速,军制、战略、战术等方面进一步“德国化”。可以说,此时的德国正从政治、行政、军事等多个领域全方位影响着近代日本的走向。

表 1-6 1885 年政府机构聘用欧美专家统计

单位:人

	英国	法国	美国	德国	其他	合计
太政官	1	1	1	3	—	6
外务省	—	—	2	2	1	5
内务省	—	—	—	3	2	5
大藏省	3	—	2	—	1	6
陆军省	—	5	—	1	4	10
海军省	18	1	1	6	3	29
文部省	11	2	2	9	2	26
工部省	26	—	—	—	3	29
司法省	3	1	—	1	—	5
农商务省	2	—	4	7	—	13
递信省	5	—	—	—	2	7
合计	69	10	12	32	18	141

资料来源:[日]梅溪昇:《雇佣外国人:明治日本的助手们》,讲谈社,2007 年,第 229 页。

值得一提的是,明治政府十分注意培养本国人员来取代这些欧美专家。比如曾任工部大臣的伊藤博文就说过,雇用欧美专家是必要的,但过于依赖他人的技艺是绝对不够的,这样做虽然能带来一时的收益,但远远不是“延续数代的财富和力量”。对此,他总结道:“我们应抓住这个时机(聘用大量充斥于各个领域的欧美专家)以充分训练和教育我们自己。在这个严肃的时刻,我力劝所有有志青年都进入此类学校(指教授西方科学文化知识的近代学校),刻苦学习,完善自己的才华，在各自的岗位上忘我地工作。如果这样做的话，那么即使没有欧美人，我们也能做得很好。我们自己将主导铁路和其他产生技术奇迹的领域，并成为可以延续数代的进一步发展的基础。”[①]很显然，明治政府的领导者们只想欧美专家在日本近代化过程中扮演次要和暂时的角色，但在本国技术人才还难以担当重任之时，利用欧美专家的知识、技术为日本的近代化事业服务，无疑是正确而极为有效的途径。虽说明治政府为此支付了大量薪金，但为了更快地促进产业兴盛，这样做是利大于弊的。一方面，可以让欧美专家向本国人员传授西方先进的科学知识与管理经验，以培养本国的技术人才。如在修建京滨铁路时，日本无一人懂得技术，故从测量、绘图、督工到火车司机等皆用欧美人，唯翻译者常随欧美技师，将其语言传于日本职工。这种做法很见效果，筑路初期聘用欧美人约 20 人，不到十年日本人就掌握了从设计到施工等核心技术，后仅留二三名欧美人作为顾问。[②]另一方面，政府派赴海外的留学生在学成后陆续归国，为最终取代欧美专家提供了充足的人才资源。可以说，这样做充分体现了日本人近代吸收外来先进文明时的实用性。欧美专家作为推动近代化的行动主体，虽然享有很高的待遇，但其角色定位也只能是前来帮助日本进行经济建设和文化建

---

① Hazel Jones, *Live Machines: Hired Foreigners in Meiji Japan*, Vancouver: University of British Columbia Press, 1980 , p.38.

② 参见[日]大隈重信:《日本开国五十年史》,上海社会科学院出版社,2007年,第 422—423 页。

设的助手而已。例如，当时受雇于明治政府的英、法、德等国的法律专家，被公认为是在众多来日欧美专家中社会地位较高的群体。即便如此，就像其中杰出的代表人物——法籍专家博索纳德所言，他们“从未被赋予与日本同行一样的权力，尽管也进入了政府各部门的相关编制之中，却仍然无法动用自己手中的‘指挥棒’”[①]。自进入19世纪80年代后，除了在某些特定领域（如教育、外交）依然聘用欧美专家之外，日本在其他领域基本上做到了自主化，用本国人员取而代之。而且1885年日本正式实施内阁制，1889年颁布了《明治宪法》，翌年首届国会顺利召开。这一系列事件标志着日本政治近代化基本实现，同时也促使日本的近代化事业发展到了一个新的阶段，于是日本开始逐渐停止大规模引进欧美专家。

除此之外，为了使这些来自欧美的专家、技术人员安心在日本工作，明治政府也相应地给予了他们极高的个人待遇，其薪俸均超过了本国的高级官员。政府下辖的各级官厅承担欧美专家来往日本的差旅费用、支付高额月薪并无偿提供舒适的住处，真可谓关怀备至。据统计，1872年工部省的全年经费为227万日元，其中支付给欧美专家的工资为59万日元，占全年经费的四分之一以上。[②] 而在两年后的1874年，工部省下辖各部门支付给欧美专家的经费更是达到了76

① Ardath Burks (ed.), *The Modernizers: Overseas Students, Foreign Employees, and Meiji Japan*, Boulder, Colorado: Westview Press, 1985, p.249.

② 参见[日]三好信浩:《日本工业教育成立史研究》，风间书店，1979年，第220页。

万多日元，占工部省年度经费的 33.7％。[①] 1879 年工部大学校的固定经费为 51.86 万日元，其中支付给欧美教师的工资实际上达 34.23 万日元，占到一半以上。

可以说，出于全面交流和各方面制度改革的需要，明治政府在建立之初就对欧美专家的引进工作给予了大力支持。1872—1878 年，成为政府雇用欧美专家的鼎盛时期。东京大学刚建校时，全校共有教授 39 名，其中 27 名来自欧美国家。他们的薪水占全校预算的三分之一以上。[②] 1873—1875 年，政府平均每年雇用各类欧美专家 520 人，平均每月财政支出为 113501 日元，相当于每年支出 1362012 日元。[③] 新政府在成立时间不长、自身财政还极为拮据的情况下，就投入大笔资金，聘用来自西方国家各个领域成百上千名专家、学者。这样的魄力在人类历史上无疑是空前的，而大量欧美专家在各个领域的辛勤工作也直接促使日本驶入近代化发展的快车道。

第三节　欧美专家与日本文化的冲突与融合

这些来自欧美各国的专家不远万里来到日本，帮助其开展各个领域的近代化建设，无疑也是一个将西方文化传播到

---

① 参见[日]梅溪昇：《雇佣外国人：明治日本的助手们》，讲谈社，2007 年，第 239 页。

② 参见郑彭年：《日本西方文化摄取史》，杭州大学出版社，1996 年，第 263 页。

③ 参见[日]梅溪昇：《雇佣外国人・概说》，鹿岛研究所出版会，1968 年，第 57 页。

日本这片古老的东方土地上的过程。文化传播即文化特征从一个群体或社会向另一个群体或社会传播的过程。[①] 两种不同文化交融的开始阶段自然不会非常顺利，其间当然会有诸多不适应的地方，也难免会遇到这样那样的困难。毕竟由于历史文化、风俗习惯、生活环境、宗教信仰等诸多不同，东西方在文化交流中难免出现很多障碍与冲突。尤其像日本这样一个孤悬海外的岛国，其封闭性就更加可想而知了。这就需要欧美专家因势利导，更好地适应日本传统文化，并迅速融入日本的具体环境之中，从而顺利开展工作。随着时间的推移，欧美专家充分发挥其主观能动性，最终在日本获得成功，推动了日本各项近代化事业的建设。

一、欧美专家初到日本的不适与调整

早在德川幕府末期，德国医生西博尔德就作为荷兰商馆的医生前来日本工作，他对此深有体会。刚开始，西博尔德为了进行医学、植物学研究经常需要深入野外调查。然而被认为是“异类”的西博尔德总会遭到当地日本人的阻挠，尽管他的活动得到了长崎奉行的批准，但由于语言不通，难以进行交流，他仍然受到当地许多民众的刁难甚至生命威胁。后来他经过努力学习，掌握了日语，并利用自己医生的身份亲自前往日本患者家中进行治疗，逐渐取得当地人的信任。由

---

① 参见[美]戴维·波普诺：《社会学》，刘云德、王戈译，辽宁人民出版社，1987年，第650—656页。

于医术高明，他治愈了周围很多人的痼疾，当地人对他心怀感激，西博尔德与他们的关系也日益密切。后来在其住所建立学堂，他开始系统传授西方近代医学知识，并得到长崎附近群众的支持，学生一度超过两百人。

另外，在幕府设立的长崎海军讲习所中担任军事教官的荷兰专家也遇到了困难。在该讲习所学习的学生成分很复杂，既有来自幕府的臣僚，也有地方各藩的藩士，他们之间素有隔阂，再加上各藩的藩士各自组成小集团，拉帮结派现象比较突出。而且这些出身武士阶层的学员对于欧美教官十分不屑，一开始并不听其指挥，这就导致教学活动难以正常开展，严重影响了教学质量。其实这与日本当时的政治传统密切相关，幕府末年的日本正处于各藩大名分裂割据、国防能力极度薄弱的状态。当时的日本人把自己所属的藩视为国家，如萨摩藩士的国家即萨摩，长州藩士的国家即长州，而整个日本，则被笼统地称为“天下”。在该校供职的一位荷兰海军中尉就曾在其著述中指出：一旦国家有难，国民必须同心合力，承担保卫祖国的义务。但他认为日本人的这种义务观念似乎很淡薄。他曾经问过当地的一位商人：“长崎如果遭到欧美的侵略，你能保卫自己的城市吗？”商人答道：“恕我直言，那根本与我没有任何关系，而是幕府的事。”[①]为了在学员当中树立及普及近代国家观念，消除相互之间的隔阂，这

---

① [荷]卡滕迪克：《在长崎海军传习所的日子》，[日]水田信利译，平凡社，1964年，第31页。

些外籍教官将来自不同地方、具有不同背景的学员划分在同一个班级里，并且在授课之余，通过组织协同军事训练加深彼此的了解，使得这些学员对于日本的国家认同感与日俱增。经过一段时间的相互交流，学员们逐渐从欧美军事教官身上学到了很多近代知识，而且这些教官热情、严谨、认真的授课风格深深感染了学员们，他们便摒弃了之前对其傲慢无礼的态度，虚心向其请教，自身得到很大提高。

二、欧美专家积极融入日本文化环境

自日本在西方列强的强力干涉下结束锁国状态之后，大量欧美商人、传教士涌入日本各开放口岸进行活动。而武士阶级囿于传统的攘夷思想，不断掀起盲目排外的风潮，日本各地不时传出西方人士被杀的消息，这使得来到日本工作的欧美专家十分担心自己的人身及财产安全。为了消除两者之间的矛盾与对立，欧美专家采取了一些积极措施使自己迅速融入日本文化环境。

首先，来自西方各国的专家们为了在工作中减少麻烦，在语言、服饰、礼仪、习俗等多方面适应东方国家的习惯，认同日本人的文化和思维方式，由此取得了日本人的信任，使自身的工作取得较好的效果。当时，在绝大多数西方人看来，东方国家一片黑暗，这些国家中的人民处于半开化状态，愚昧不堪，没有任何文明的迹象。欧美专家来到日本后，尤其注意尊重日本的习俗及生活方式。比如美籍荷兰传教士维尔贝克早在 1859 年就来到日本，由于当时大多数日本人对欧美人都很排斥，甚至还有个别极端者主动攻击这些“不速之客”。维尔贝克在了解到这一情况后，便刻苦学习日语，后来能够与日本人直接交流，消除了彼此间的隔阂。此外，维尔贝克有时还将学生带到自己的住所授课，他在家中摆满了日式茶具、漆器和字画，由此可见他对日本文化的推崇，当学生为了向其致谢而赠送维尔贝克一套和服时，他没有丝毫犹豫就穿在身上，进一步拉近了自己与学生之间的距离，使得学生们学习西方科学文化知识的劲头更足了。很快，维尔贝克穿着和服给学生上课的消息传播开来，当时在长崎的欧美商人及一些传教士感到不可思议，认为他着实昏了头，亵渎了西方文明。维尔贝克只是淡淡地说道：“文明本无优劣之分，虽说日本尚处于较为原始、落后的状态，可我们来到异国他乡，自当遵守所在国家的风俗习惯，这无可厚非。只有这样，我们才可以更加了解日本，使我们带来的先进文化与之产生反应。”[①]无独有偶，在北海道进行开发建设工作的凯普隆非常尊重当地的阿伊努族文化，他甚至将其与美国的印第安文化相比，认为它们共同展示了世界文明的多样性。虽说他认为日本人离真正的“文明人”还有很远的距离，但凯普隆坚信，日本在大力吸收西方先进文化之后一定可以在世界文明之林打下自己的烙印。总之，在跨文化传播的过程中，双方信任关系的建立是至关重要的，只有这样才能使欧美专

① [日]大桥昭、平野日出雄：《明治维新与雇佣外国人：维尔贝克的一生》，新人物往来社，1988年，第132页。

家更好地开展工作。

其次，当众多的欧美专家接受日本政府聘任，进入各个部门工作后，在当时的日本流传着这样一种说法，即明治政府开始逐渐成为西方国家的附庸，这些欧美专家很快就会将日本变成他们的殖民地。为了打消人们的顾虑，许多欧美专家摆正了自己的位置，认为自己的身份就是顾问和助手，不对日本具体的内政、外交事务进行干预。比如说维尔贝克虽然先后担任了太政官、文部省、司法省、左院的顾问职务，全面参与了一系列对近代日本影响深远的政令的起草制定工作，但他从不干预具体的政策实施过程，只是起到建议的作用。当后来得知首先建言派遣使节团出访美欧十二国的是维尔贝克的时候，人们无不对其不争荣誉的奉献精神大加赞扬。另一个例子是来自美国的丹尼森（Henry Denison，1846—1914），他是明治年间在日本工作的众多欧美专家中唯一荣获日本政府授予的一级旭日勋章的人。在担任外务省顾问的期间（1880—1913 年），他见证了日本外交从幼稚走向成熟的历程。作为顾问，丹尼森经常给外务省官员讲授国际法的知识，培养他们处理国家间外交关系的能力。他最大的贡献在于帮助日本政府实现了修改不平等条约的夙愿，但即便如此，丹尼森却一直安心扮演着“安静的幕后角色”，使自己远离公众的视线，勤勤恳恳地工作着。

最后，欧美专家在工作过程中还时刻注意与日本传统文化接轨，即注重日本的因素。欧美专家不能将西方的技术理念生搬硬套到日本，必须根据日本的实际情况灵活运用。像负责修建京滨铁路的英国工程师埃德蒙德·莫莱尔(Edmund Morel,1841—1871),就是因为日本盛产木材,改用枕木,舍弃了原先从西方国家进口钢材作为铁轨架设材料的计划,充分利用了日本的既有资源。在具体建设过程中,大多数工人来自下级武士阶层,在修建过程中仍然身着和服,腰间挂有佩刀,这给实地勘测工作带来很大困难:和服宽袍大袖在施工作业时非常不方便,再加上佩刀经常与检测仪器中带有磁性的指南针相互吸引,对测量结果产生较大影响。莫莱尔因此反复劝说他们在工作时一定要按照规定穿着短衣窄袖的工作服以便于操作,在休息时不做硬性规定,最终得到他们的同意,这在很大程度上加快了建设进度。另外,在日本官员咨询有关欧美国家法律与政治制度方面的问题时,维尔贝克在讲解的同时,多次强调日本的法制建设切不可生搬硬套欧美国家的现成法律,应该契合日本具体的社会民情,要重视对本国传统文化的把握,这样才不会制定出一部流于表面、不切实际的法律。

任职于东京医学校(后并入东京大学)的德国医生贝尔茨的做法具有代表性。他始终认为日本医学是十分有价值的,需要和西方医学相结合。对此他解释道:“我们西方教师的本分,除了单纯地助力日本之外,还有助言。但这并非原封不动地将欧洲文化所有的成果移植到这个国家,而是要首先研究日本文化中所有珍贵的财富,尤其缓慢而谨慎地使其适应当下和未来需求的快速变化。”初到日本的贝尔茨发现,当时日本的医生地位并不高,学校大多采用的是汉方医学的教育方式，缺少现代医学的设备、管理和人员，医学在当时的社会中被看作是技术或是秘方，存在着各种各样的问题。尽管如此，贝尔茨指出，人们在学习西方医学的过程中，需要知道西方医学的界限，重视日本传统的医学和生活方式。在医疗保健方面，贝尔茨十分注重利用日本当地的资源，是最早在近代医学杂志上发表有关日本温泉作用论文的学者，推动了伊香保、箱根、草津等地温泉疗养所的建设。在贝尔茨看来，日本人在衣、食、住等方面的习惯相较于欧洲社会更为健康，并倡导学生练习弓道、剑道、柔道等运动。[①]

除此之外，贝尔茨还发现日本社会存在对西方过度崇拜的现象，他反对日本人对日本传统的忽视，认识到重视日本文化的意义。贝尔茨认为日本有好的医师，他们完全可以与西方医师比肩。在日本执教一段时间后，贝尔茨对学生进行了组织学考试，其中有一半的学生取得了最高等级的分数。贝尔茨在日记中写道："诸如'日本的学生中绝不可能出现优秀的医师'这一类的话，对我来说是完全无法理解的。"贝尔茨初到日本时就看到了日本传统文化的价值，对日本文化有着很高的评价。他认为日本的传统文化中有着淡泊无欲的优良品质，而这样的品质正在被西方文化冲击。在对日本人进行文化人类学研究时，贝尔茨也强调要尽可能不带偏见地

---

① Hoi-eun Kim, *Doctors of Empire: Medical and Cultural Encounters between Imperial Germany and Meiji Japan*, Toronto: University of Toronto Press, 2014, p.106.

与各种身份的日本人进行交流。关于西方文化对其他文化的傲慢，贝尔茨指出："认为其他国民的生活或风俗中有各种奇怪之处的人，是在嘲笑自己原本不理解的事物，最终自己不过是笑柄罢了。"[①]

总而言之，欧美专家作为西方文化的载体来到日本，其本身自然会与日本的本土文化产生诸多冲突，这就需要他们更加耐心地适应，使两种不同类型的文化得以最终结合起来，产生良好的合力作用。就像加拿大著名学者海泽尔·琼斯(Hazel Jones)教授认为的那样，在日本工作的欧美专家与日本政府之间是"合作、共生的"关系，而非"寄生的"关系。[②]正是由于欧美专家适应了日本的具体国情，其工作才更有效率，从而为日本近代化提供了向前发展的动力。绝大多数受雇用的欧美专家都能忠于职守，热心工作，由于这批外籍人员的协助，日本很快便步入近代化的轨道。这是日本能够在较短时间内实现殖产兴业、文明开化的重要原因之一。

---

① 田妍：《明治天皇御医贝尔茨对日本医学近代化的反思》，《南开学报》(哲学社会科学版)2022年第1期。

② Hazel Jones, *Live Machines: Hired Foreigners in Meiji Japan*, Vancouver: University of British Columbia Press, 1980, p.129.

第二章　欧美专家与日本产业革命

同西方国家一样，日本近代化的核心也是资本主义工业化，而工业化的核心则是产业革命。可以说，一个国家近代化的主要内容就是该国实现产业革命，生产方式由手工业生产逐步向近代机器大生产过渡，因为近代化本身就是以工业化作为发端的。日本正是由于成功地实现了产业革命，才使近代化的任务得以顺利完成。19 世纪中叶，英国刚刚完成工业革命，世界正处于近代科学技术大发展的初期。在这一时期，先进国家和后进国家的技术差距并不大，后进国家对引进的先进技术具有一定的吸收能力，所以技术引进相对容易些。这就为日本工业化起步提供了极佳的机会，引进西方技术可谓恰逢其时。而日本资本主义工业恰恰是靠输入欧美的技术装备发展起来的。[①] 这些引进的先进技术装备使得日本能够在国内工场手工业还没有多大发展的基础上就比较

① 参见樊亢、池元吉等:《主要资本主义国家经济简史》，人民出版社，1973 年，第 301 页。

迅速地建立起西方近代化的大工业，仅仅三四十年间，就完成了西方资本主义国家用了将近百年时间才完成的产业革命。

此外，系统引进西方技术的制度条件也被创造了出来。当时，明治政府设立了负责日本近代产业建设的两大部门，即工部省与内务省，而在具体操作上，两省又各有侧重。工部省的重点放在铁路、电信、机械和矿山等方面，内务省则以指导轻纺工业和农业为主。而“移植的近代资本主义产业既有日本从来不曾存在过的新部门，又有与改造原有产业相联系的部门”[①]。

由表 2-1 我们可以清楚地看出，工部省从 1870 年成立到 1885 年被撤销的过程中，英国人在其下辖各部门所聘用的专家人数中无疑占有绝对优势，其数量占到所有欧美专家的近八成，尤其在政策制定、铁路建设、电信、灯塔设置等领域相当明显；而法国和德国的专家则更多地集中在矿山开发方面。在诸多建设项目中，铁路和矿山业无疑是工部省投资的重点领域，据统计，1870 年至 1885 年间，工部省对铁路的投资高达 1420.3 万日元，占该省同期官营企业投资总额的 49%，远远高于其他行业的投资总额。[②] 而生丝的大量出口则为明治政府提供了近代化所不可或缺的启动资金。为了

① 万峰：《日本资本主义史研究》，湖南人民出版社，1984 年，第 104 页。

② 参见祝曙光：《铁路与日本近代化——日本铁路史研究》，长征出版社，2004 年，第 3 页。

加快核心产业的发展，日本大力引进西方先进技术，来自西方各国的技术专家的努力与贡献不容忽视。

表 2-1　1870—1885 年工部省下辖各部门雇用欧美专家分国籍统计

单位：人，%

部门	美国	英国	法国	德国	其他	合计
本省	—	10	—	—	—	10
矿山局	2	35	23	15	2	77
铁道局	5	233	1	4	8	251
电信局	1	53	—	1	1	56
灯台局	1	47	—	—	4	52
工作局	1	25	45	1	1	73
营缮课	—	7	4	1	1	13
测量司	—	40	1	—	7	48
合计	10	450	74	22	24	580
所占比例	1.7	77.6	12.8	3.8	4.1	100

资料来源：《日本工部省沿革报告》，1931 年，第 71 页。

第一节　欧美专家与铁路业的兴起

列宁曾经指出，铁路是资本主义工业最主要的部门即煤炭工业和钢铁工业的结果，是世界贸易和资产阶级民主文明发展的结果和最显著的标志。[①] 发达的铁路交通是近代文明的产物，它是促使欧美国家迈向近代化的必要条件之一。与

① 参见《列宁选集》第 2 卷，人民出版社，2012 年，第 578 页。

英国直到产业革命后期交通运输业才发生巨大变化、出现了以铁路建设为中心的交通运输业的革命不同，日本的铁路建设先于产业革命，因此，日本的产业革命具有由铁路延伸而诱发的特征，从这个意义上讲，铁路是日本产业革命的先行官。[①] 在铁路建设的推动下，各项近代产业如雨后春笋般在日本逐渐发展起来。

一、欧美铁路专家的引进

美国东印度舰队司令马修·佩里率领“黑船”叩开日本锁国大门时赠送给幕府的火车模型，引发了日本人的无限好奇心。尽管在此之前日本人也曾从居住于长崎出岛上的荷兰人那里听说过世上有一种叫铁路的东西，是由英国人发明的，但当真正看到实物模型时，他们还是大受震撼。

1867年，美国驻日公使馆书记官波特曼(A.C.Portman)向幕府表达了愿意协助日本进行铁路建设的意愿，但时任幕府老中(幕府的参议官，德川时代幕府最高级的执政官)兼欧美事务总裁的小笠原长行对此并未做出任何回应。[②] 虽说当时幕府内部已有很多人支持借美国人之力建设铁路，可当时日本国内政治状况复杂，各地倒幕风潮四起，幕府政权处在风雨飘摇之中，无暇顾及铁路建设。此事也就耽搁了下来。

---

① 参见祝曙光：《铁路与日本近代化——日本铁路史研究》，长征出版社，2004年，第109页。

② [日]原田胜正：《铁道引进与技术自立的展望》，联合国大学亚洲经济研究所，1979年，第12页。

没过多长时间，幕府垮台，明治政府建立后，作为日本中央政府开始规划各项近代化建设事业，铁路建设自然也就提上了议事日程。

明治政府建立伊始即着手筹划建设近代铁路事宜，但由于国内百废待兴，加上没有足够的资金、技术力量，因此仅靠自己的力量无法进行铁路建设这一浩大工程。而当时的日本产业发展尚处于家庭手工业阶段，根本不具备适于机器化大工业的土壤。因此在铁路建设初期，由于缺乏铁路技术人才，政府不得不高薪聘请欧美专家。“明治初年日本人无学习洋式建筑技术者，故铁路兴建之际，自测量、制图、督工之技师以至火车司机，皆用欧美人，惟日本人懂英语者称技手，常随欧美技师通译其语言，传之于日本职工，使从事于土木。”[①]因此，明治政府决定采用西方技术在全国范围内建设铁路交通网，政府必须这样做是因为当时私人资本极为薄弱，无法提供发展工业化的原动力，只能依靠国家力量推进工业化进程。此外，日本不具备英国那样强大的工业能力，可以自主开发建设铁路。

另外一个不容忽视的因素是明治政府在政权初立之际，为了夯实自己的统治基础，出于经济和政治动机，开始兴建铁路。这清楚地体现在建设路线的选择上，那些选定的路线都连接着经济和人口中心。第一条铁路建于东京与横滨之间，这是因为横滨在开港之后迅速成为日本最大的贸易港

① 伊文成、马家骏主编：《明治维新史》，辽宁教育出版社，1987年，第497页。

市，而且该地有众多欧美商人聚集区，可以繁荣首都东京的经济。明治政府在铁路建设时首先考虑的是政治影响，希望在作为政治、经济中心的首都与开放口岸架设铁路线。总之，日本铁路建设的重要特征之一就是这些建设不是为满足私人资本的需要，而是迎合政治要求。

明治政府于 1870 年开始进行铁路建设工程，具体事宜由民部省下属的铁道挂管辖[①]，随后下令首先修建东京至横滨间的铁路。时任英国驻日公使帕克斯（Harry Parkes）与明治政府对外部门多次会晤，承诺为其提供英国政府贷款建设铁路，并多次阐释铁路的优越性。在大藏省任职的伊藤博文与大隈重信当时是日本政府内部积极倡导修建铁路的开明官员，经过多次努力，日本政府内部终于达成一致，决定引进英国技术兴建本国铁路。从铁路线路测量到材料的选用及工事设计与施工的指导工作，均由政府雇用的英国技术专家全面负责。

这些专家除了首任英国技师长莫莱尔外，还有迪亚克（John Diack）、英戈兰（John England）、谢泼德（Charles Shepherd）等英国高级技术专家。由表 2-2 可以看出明治政府在铁路建设领域雇用的欧美专家人数的变化。

① 工部省成立后，相关事务移交工部省管辖。

表 2-2　明治政府铁路建设领域雇用欧美专家统计

年份	人数	年份	人数
1870	19	1876	104
1871	62	1877	70
1872	83	1879	43
1873	101	1882	22
1874	115	1885	15
1875	109	1888	14

资料来源：转引自[日]原田胜正：《铁道引进与技术自立的展望》，联合国大学亚洲经济研究所，1979 年，第 18 页。

可以说，为了尽快建成横贯日本的铁路交通网，明治政府雇用了大量来自西方国家的技术人员。以 1876 年为例，协助修建铁路的欧美专家共有 104 人，其国籍分布如表 2-3 所示。

表 2-3　1876 年日本铁路建设领域欧美专家分国籍统计

单位：人

国籍	人数
英国	94
美国	2
德国	2
丹麦	2
法国	1
意大利	1
芬兰	1

续表

国籍	人数
葡萄牙	1
合计	104

资料来源：转引自[日]原田胜正：《铁道引进与技术自立的展望》，联合国大学亚洲经济研究所，1979年，第18页。

由表2-3可以很明显地看出，来自英国的专家占到了绝对多数，这自然与英国在世界范围内率先完成工业革命，是工业化的先进国密切相关。而对于作为后发国家的日本来说，接受英国人的指导，引进英国技术是必然的选择。

这些英国人所担任的职务范围很广，上至部门负责人、技师、秘书、职员、助理，下至火车司机、装配工、工头、绘图员、铁路沿线的巡警、铁匠等，都有他们的身影。

可以说，从铁路线的修筑、经营管理一直到铁路竣工后列车的运转，都离不开以英国人为主的大量欧美专家在其间的默默耕耘。

二、莫莱尔与近代日本铁路建设

在众多来到日本工作的英国铁路专家之中，莫莱尔无疑是最为杰出的一位。他很早就成为英国皇家土木学会会员，为人谦虚、坦诚，专业知识十分过硬，在来到日本工作之前还曾经在澳大利亚协助当地进行铁路建设。

在明治政府得到英国东方银行横滨分行（Yokohama Branch of the British Oriental Bank）的大量资金保证后，铁路建设工作开始进入实际操作阶段。明治政府于1870年4月17日下令在东京至横滨之间开始路线测量工作，由英国工程师莫莱尔担任铁路总工程师，负责具体修建事宜。随后来自英国的技术人员连同建设材料一起源源不断地运到日本。莫莱尔不仅作为总工程师，亲自主持了日本的第一条铁路——京滨铁路（东京至横滨，1872年10月全线竣工）的修建工作，而且为日本铁路事业的发展提出了诸多富有建设性的意见。

首先，莫莱尔根据日本的实际情况，建议京滨铁路选用本国生产的优质木材作为敷设铁道的枕木，而不是远从英国进口钢制枕木，这样做既可以为日本政府节省一大笔不必要的开支，还可以进一步促进日本木材产业的兴盛。另外一个原因就是钢制枕木并不适合日本潮湿、松软的土壤，而木制枕木则可以解决这个难题。[①] 可见，莫莱尔并不是盲目地将一切西方技术引进到日本，而是更多地考虑到日本的实际情况，量体裁衣、因地制宜，有选择地加以吸收。

其次，日本虽说山川风光绮丽，但地形多陡峭高山且河流十分湍急，这样的地理环境为修筑铁路增添了不小的障碍；多变的气候，特别是一年一度的雨季，平添了许多困难；道路险峻且易受风雨侵蚀，在浅滩和桥梁附近经常洪水泛滥。复杂的自然地形使运输和敷设铁轨变得十分困难。修

---

① 参见［日］林武：《技术与社会：日本的经验》，日本联合国大学出版会社，1986年，第141页。

建宽轨铁路将会遇到更多的技术难题。莫莱尔因此建议采用3英尺6英寸的轨距,从而避免了许多技术难题,加快了工程进度。明治政府采纳了莫莱尔的意见,3英尺6英寸轨距成为日本铁路的标准轨距。[1]

最后,莫莱尔反复向日本政府官员强调培养本国铁路技术人才的重要性:不断聘请欧美专家会支付大量薪金,最终将亏空国库,最好的办法是培养日本自己的工程师,只有这样日本的铁路建设事业才能逐渐摆脱依附性发展的模式,消除欧美的影响,真正实现产业自立。他进而建议日本政府加大培养本国新一代技术人才的力度,开设相关的教育机构,日后从西方人手中接过近代铁路建设的接力棒。1870年5月,莫莱尔上书时任工部大辅伊藤博文,呼吁借鉴西方经验,设置铁路专管机关和培养铁路技术人才。“莫莱尔的最大功绩是在其短暂的任期内向政府提出了关于日本的技术行政与技术教育的建议。他的建议基本上被采纳成为政策,至少在以后的十几年间作为日本技术行政与技术教育的根干。”[2]后来于1877年在大阪设立的铁道工技生养成所为日本培养了大批理论扎实、富于实践经验的铁路技术人才,为日本最终实现铁道技术自立奠定了坚实的人才基础,也使得日本朝着铁路建设及经营的自主化方向发展。此外,在东京至横滨

① 参见祝曙光:《铁路与日本近代化——日本铁路史研究》,长征出版社,2004年,第18页。

② 祝曙光:《铁路与日本近代化——日本铁路史研究》,长征出版社,2004年,第22页。

铁路线敷设期间，莫莱尔还热心地向日本同事传授铁路技术知识，被誉为“日本近代铁路之父”的井上胜就受到过他的精心指导。

铁路的具体建设过程当然不可能一帆风顺，莫莱尔刚来日本就体会到了日本文化与西方文化的差异。如前所述，当时修建铁路的工人大都来自下级武士阶层，他们为了显示自身作为武士的威严和地位，在修建过程中仍然身着和服，腰间挂有佩刀，给实际工作带来不少困难。莫莱尔通过自己身边的日方翻译人员了解这一情况后，就耐心劝导这些工人，并晓以利害，说明自己尊重其文化传统，但在工作过程中应按规章制度办事，统一穿着制服，佩刀也应该卸下。莫莱尔的真诚感动了大家，工人们纷纷脱下和服，取下佩刀，穿上工作制服，听从他的调遣。

由于水土不服，加上工作环境异常艰苦，莫莱尔在日本仅工作一年多就因患肺结核不幸去世。在担任京滨铁路总工程师期间，其只建设完成了东京新桥至横滨樱木町段的铁路线，最终未能看到京滨铁路全线完工通车的那一天，但他无私奉献的精神与对日本近代铁路建设的巨大贡献为后人所敬仰。

总之，1870—1878 年是日本近代铁路建设的发轫时期，从设计、测量、建设、机械加工、管理、运输到各个具体事务都是在英国人的指导下开展的。1870 年东京至横滨之间铁路线的勘测工作就是在来自英国的工程师莫莱尔以及迪亚克、英戈兰和谢泼德等人的共同努力下完成的，其中谢泼德与德乌因(J. S. Dewing)具体负责铁路沿线的设计及调度工作，加尔韦(William Galway)与克里斯蒂(Frederick C. Christy)负责运输及设备的检修。同年7月至12月,英戈兰以及多位英国技师开始在大阪至神户沿线进行测量工作。而京都至大阪段由布伦代尔(A. W. Blundell)负责沿线调查工作,并于1873年12月在其与迪亚克、代伊(James Day)、罗杰斯(William Rogers)和沙恩(Theodore Shann)的指导下正式开工建设,于1874年5月完工通车。以上提到的仅仅是来自英国的工程师,除此之外还有大量为近代日本铁路建设默默奉献了辛勤汗水的英国技术人员及普通工人。正是在这些欧美"助手"(Helpers)的帮助下,日本铁路事业才迅速发展壮大起来。截至1881年,日本的铁路敷设里程达到76公里,英国专家为日本培养了众多的技术人才,为其今后独立发展铁路事业奠定了坚实的人才基础。[①] 1874年和1875年两年间,铁路系统聘用的欧美人士达到120人,自1877年后就开始逐渐减少,1883年更是减至十余人。[②] 日本最终实现了铁路产业的自立化发展,这对日本产业革命的顺利发展起到了至关重要的作用。可以说,随着铁路线的延伸,日本产业革命不断深入,并最终完成了其历史使命。[③]

---

① Ardath Burks (ed.), *The Modernizers: Overseas Students, Foreign Employees, and Meiji Japan*, Boulder, Colorado: Westview Press, 1985, p.210.

② 参见[日]山田直匡:《雇佣外国人》第4卷《交通》,鹿岛研究所出版会,1968年,第120页。

③ 参见祝曙光:《铁路与日本近代化——日本铁路史研究》,长征出版社,2004年,第93—94页。

第二节　欧美专家与制丝业的勃兴

生丝是近代日本的主要出口产品，受到了政府的强有力保护。在近代日本赖以创汇的产业中，制丝业一直独占鳌头。1890年，制丝产品在出口总额中占24.5%，是日本取得外汇收入的战略性出口品，对日本的资本原始积累和产业资本的形成、发展起过重大作用。由于国内市场容量有限，日本制丝业必须开拓国际市场，以生丝的出口换取棉花等原料的进口，并且“担负着为引进国外先进技术支付资金的重任”[①]。与西欧各国采用机械化制丝的方式相比，日本的制丝技术就显得较为原始，为了进一步提高出口生丝的产量与质量，聘请欧美专家前来指导制丝产业的技术更新就成为当务之急。

一、日本传统缫丝技术的落后

日本的生丝生产，原来都是以家庭手工作业的方式来经营的，各个农户自己养蚕，并用最原始的工具对茧进行加工，缫制成丝。可以说，在日本开国之前，缫丝业基本上是养蚕农户的副业，采用家庭手工作业，生产规模小，技术水平低，大部分生丝作为原料供应日本各地的丝织业中心，满足其生产需要。然而，由生丝加工而成的丝绸毕竟只是奢侈品，日

---

① 祝曙光：《铁路与日本近代化——日本铁路史研究》，长征出版社，2004年，第102页。

本国内市场需求极其有限，将其投入海外市场可以为推动国内近代化建设赚取启动资金。1853 年日本被欧美列强打开国门后，日本与西方各国的贸易活动急剧增长，由于生丝在欧美市场需求旺盛，海外订单源源不断地从国外发到日本。在一段时期内，生丝成为日本最大宗的出口商品，1867 年占到日本所有出口商品总值的 53.71%；与此同时，缫丝业也成为其规模最大的出口产业，对于赚取外汇以进口国内建设急需的机器设备、军工产品等发挥了极为重要的作用。

但随着产业革命在西欧各国逐步走向高潮，缫丝技术也有了很大的提高，各国纷纷采用机械代替手工进行缫丝作业。日本的生丝以传统手工方式生产，在质量上远远比不上西方国家以机器生产出来的生丝，在国际市场上，日本的生丝只能算是三流的水平，这就使得日本的生丝产品失去了比较优势，导致其生丝在海外的声誉迅速下降。在伦敦，甚至发生了数千筐日本生丝因质量低劣而被弃置不用的事件。[①] 自德川幕府末期直至明治初年，大量质优价廉的丝织产品从西方国家进入日本，严重冲击了日本市场，对其传统的制丝业造成了致命打击。此外，遍布于日本各地的制丝企业对于生丝的生产标准不尽相同，缺乏统一的行业生产标准，这也给整体出口带来了一定的困难。因此，为了扭转这一不利局面，提高出口生丝的品质，明治政府决定从欧美国家引进先

---

① 参见伊文成、马家骏主编：《明治维新史》，辽宁教育出版社，1987 年，第 494 页。

进的机械制丝技术，并且配置这方面的机器设备，聘请欧美专家、技师前来帮助日本建设一座完全西式的制丝厂作为示范，以带动日本的制丝产业，促使其由手工生产升级为机械生产方式。

二、欧美专家与制丝技术革新

明治政府一方面严格取缔那种粗制滥造的生产方式；另一方面，实行各种奖励，大力提倡使用由欧美引进的机械制丝设备和方法，期望使日本的制丝业尽快实现近代化。[①] 1870 年，明治政府聘请法国制丝专家布鲁纳特前来指导制丝技术的改进工作，首先就是要建造一家制丝示范工厂。因为生丝生产对于环境、水源的要求很高，为了挑选建设制丝厂的合适地址，布鲁纳特亲自前往多地进行实地考察，该地是否具备便利的交通条件、充足的水源、作为建筑材料的矿石以及是否适宜安装蒸汽驱动的设备是布鲁纳特考察的重点。经过一番细致的调查活动，最终在养蚕和缫丝业发达的群马县富冈市新建了一座占地达 15600 坪（日本面积单位，1 坪约合 3.3 平方米）的西式制丝厂，这就是富冈制丝厂。

富冈制丝厂的建设花了十七个月的时间，于 1872 年 7 月最终完工。可以说它是明治政府为实现日本制丝技术近代化而设立的最早的机械缫丝工厂，被明治政府作为模范制丝厂，为下一步在全国范围内进行技术推广打下了基础。布鲁

---

① 参见刘天纯：《日本产业革命史》，吉林人民出版社，1984 年，第 94 页。

纳特担任该厂首席技术指导(制丝长),厂内的机器设备如铁制机械及蒸汽锅炉等全部购自法国,该厂拥有煮蚕锅 300 个,在当时已经算是很大的规模了。其中从采购制丝机器及制丝厂必要的相关器材、安装调试设备,到从法国招聘技术人员(包括质检员、机械工、医生、制图员以及四名熟练女工),全部由布鲁纳特统筹负责。

由表 2-4 可以看出,布鲁纳特从法国直接雇用四名制丝女工来到日本,将她们放在生产第一线,对日本女工进行手把手的示范操作指导。而为了进一步传播先进的制丝工艺,布鲁纳特决定招募大批本地的制丝女工,但当时绝大多数日本人对于这些先进的技术设备不甚了解,没有人家愿意将自己的女儿送到布鲁纳特手下学习制丝技艺。另外在当时有很多日本人都认为,那些隆隆作响的机器会吸走人的精气。为了打消人们的恐惧与顾虑,布鲁纳特只好亲自前往士族高官家中,动员他们将自己的女儿送来学习。经过一番努力,最终有十来户人家同意将女儿送来做女工,布鲁纳特与四名法国制丝女工亲自指导她们,待其技艺纯熟再由她们训练招募自日本各地的女学徒。就这样在七年间,通过相互间的传帮带,这里总计培养出 3000 多名机械制丝女工,对于向日本各地推广新的缫丝技术发挥了重要作用。

表 2-4　富冈制丝厂雇用的法国人一览

姓名	职务	工作时间	月薪(日元)
布鲁纳特(Paul Brunat)	首席专家(制丝长)	1870—1875 年	600
巴斯蒂恩(E. Bastien)	制图员	1871—1873 年	125
贝伦(J. Bellen)	制丝检查长	1871—1875 年	150
普拉特(P. Prat)	制丝检查员	1871—1875 年	100
克洛琳德(V. Clorinde)	制丝女工	1871—1874 年	80
露易丝(M. Louise)	制丝女工	1871—1874 年	65
阿里山德琳(Alexandrine)	制丝女工	1871—1874 年	60
玛丽(C. Marie)	制丝女工	1871—1873 年	50
莱斯科特(Lescot)	机械工	1871—1875 年	100
查特隆(J. Chatron)	机械工	1872—1873 年	100
迈尔赫特(F. Mailhet)	医生	1872—1874 年	250

资料来源:[日]泽护:《富冈制丝厂的雇佣法国人》,《千叶敬爱经济大学研究论集》,1981 年,第 214 页。

此外,布鲁纳特还详细考察了日本制丝业发展的历程及设备规格的沿革情况。通过考察，他发现日本传统手挽、坐缫（一种半机械化缫丝技术）等制丝工艺是有其长处的，因此并未盲目剔除，而是将西方近代缫丝技术与日本传统的手工缫丝技术相结合，把两者优点相互补充，以便发挥出最大的功用。比如说变进口的铁质机械为木制，煮茧锅和蒸汽管用陶器代替金属，以水车代替蒸汽机，使生产成本大大降低，且制作上由普通木匠就能胜任。其经验很快就在全国范围内得到推广，从而使缫丝业再一次发展成为当时日本最大的出口产业。[①] 这一技术改进，也促使富冈制丝厂的生丝产量迅猛增长。

可以说，正是由于富冈制丝厂的机器设备是当时全世界较为先进的，再加上布鲁纳特与其他法国技术专家的悉心指导以及广大制丝女工的辛勤劳作，日本因而生产出品质一流的生丝。该厂生产出的生丝在参加 1873 年维也纳世界博览会时，堪与欧美一流商品匹敌，因而博得一致好评。随着这种机械制丝技术的快速普及，日本民间纷纷投资兴建机械制丝厂。尤其在富冈制丝厂大获成功之后，各地缫丝厂纷纷仿效，建立机械化缫丝厂（如石川县金泽制丝厂、长野县内各机械制丝厂等），从而使日本国内机械丝的产量成倍增长。[②]

总之，以布鲁纳特为代表的欧美技术专家对近代日本制

---

① 参见刘卓珺：《技术进步与日本近代经济发展——兼与中国比较》，《中共山西省委党校学报》2004 年第 2 期。

② 参见吴廷璆主编：《日本近代化研究》，商务印书馆，1997 年，第 105 页。

丝产业的技术革新及随后的飞速发展做出了不可磨灭的贡献。通过富冈制丝厂的示范,机械制丝厂相继在日本各地建立,工厂数在1873年有15家,1875年有40家,1878年有60家。在自力与政府大力援助的情况下,据1879年的调查,拥有十名以上缫工的机械制丝工厂总共有655家之多。[①] 从此,近代制丝技术开始在日本迅速传播。进入20世纪,日本更是成为全世界最大的生丝出口国。以富冈制丝厂为生产中心,日本的丝绸和纺织产品迅速畅销欧美,促进了东西方之间的贸易和文化交流。

第三节　欧美专家与采矿业的进步

能源是发展社会生产力最重要的物质基础之一,它与国民经济的各个部门和社会生活的各个方面都有密切的联系。[②] 在日本产业革命的准备以及进行过程中,分布在全国各地的矿产资源为日本的工业化提供着充足的动力和原料,充分开发和利用这些矿产资源是推动产业革命顺利进行的关键。

一、采矿业近代化与雇佣欧美专家

德川幕府统治时期,由于幕藩体制的存在,幕府和各藩

---

① 参见刘天纯:《日本产业革命史》,吉林人民出版社,1984年,第95页。

② 参见祝曙光:《铁路与日本近代化——日本铁路史研究》,长征出版社,2004年,第94页。

分别垄断各自统治区域内的矿产资源，并对其实行官僚化的经营方式，无限制地开发使得原本就十分有限的矿产资源日益走向枯竭。而且由于采矿技术落后、设备十分陈旧，排水、通风及运送等诸多问题难以得到实际解决，这些都使得矿山深层次的开采工作难以开展，许多矿山因此濒于破产或倒闭的边缘。可以说，日本国内无法对矿产资源进行统一、科学、系统的开发，再加上缺乏相关技术专家，日本各地矿山的开采量非常有限，致使矿产资源难以得到有效利用。

为了尽快扭转这一不利局面，幕府决定聘用来自西方发达国家的技术专家前来指导本国的矿产资源开发，这样不但可以提高矿产资源的有效利用率，也能引进国外先进的技术，以培养本国的技术人才。

1862 年，幕府通过美国驻日总领事哈里斯（Townsend Harris）的推荐，聘请了美国地质学家兼采矿工程师蓬贝利（Pumpelly）以及布莱克（Blake）前来进行采矿业的指导工作。

这两名美国专家到来后对幕府下辖的矿山进行了周详、细致的调查工作，探明了多座矿山矿产资源的蕴藏量，为今后大规模的开采利用打下了基础，与此同时他们还对日本的地质构造进行了一定程度的研究。另外，西方近代采矿技术也被引入，使得矿山的开发活动建立在科学的基础之上。在地质勘探的过程中，两位工程专家使用了火药爆破技术以取得研究样本，这被认为是日本采矿业发展历程中的划时代事件。

1862 年 7 月，蓬贝利与布莱克二人还在函馆设立的技师学校中教授日本人近代采矿方法。在这所学校里，他们将西方近代矿产勘测与开发理论以及有关矿山管理方面的知识系统地传授给日本的采矿业工作者，使日本人为之耳目一新。该校培养出如大岛高任、武田斐三郎等大批采矿业专业人才，他们都成为此后日本矿山开发领域的中流砥柱。此外，这两位美国专家还将各式各样的勘测仪器及工具带到日本，国外有关矿山开发利用方面的书籍也开始引进，包括当时在欧美国家比较权威的《矿山学手册》(*Manual of Mineralogy*)以及《地质学原理》(*Principals of Geology*)等。[①]

除了上述二人之外，幕府还于1866年聘用英国技师戈尔(E. M. Gower)前来指导北海道多处煤矿的开采工作。与此同时，地方各藩也开始积极聘请欧美专家，引进西方技术来指导采矿工作，比如萨摩藩于1867年聘请来自法国的弗兰考斯・科瓦尼(Francois Coignet)负责山鹿金矿的开发建设事宜。可以说，幕府末期，采矿业近代化在欧美专家的帮助下已经启动，这为明治政府建立之后在全国范围内大规模地开发矿产资源奠定了基础。

明治政府成立之后对矿山开发非常重视，接收了以前由幕府及各藩管辖的矿山，其具体经营管理权归于1870年设立的工部省，矿山投资一度占工部省企业投资的30%。政府进一步规定了所有矿产资源应优先满足政府财政与军事上的需要，并且将一切矿山的开采权置于政府统一管理之下，

---

① 参见联合国教科文组织东亚文化研究中心编：《资料御雇外国人》，小学馆，1975年，第172页。

禁止金、银、铜等的自由买卖。1872 年明治政府制定《矿山基本须知书》，翌年又颁布了《日本矿山法》，其中重申了矿山国有化的原则，不允许欧美人直接开采、经营各地矿山，确立自身对于全国矿产资源的垄断地位。同时，决定从欧美国家引进近代采矿业技术，并聘请欧美矿山技师前来指导。据统计，工部省引进的欧美采矿业专家中月薪在 500 日元及以上的就有 8 人，其他人的工资待遇也远高于日本本国的技术人员，可以看出，日本对于这些欧美专家的重视程度。

据统计，明治政府在官营矿山里雇用了大批欧美专家，总数达到 78 人，其中有 50 人在煤矿及其他非铁矿山里工作。明治政府官营非铁矿山所雇用欧美专家的姓名、工作矿山、职务、月薪以及工作时间等信息详见表 2-5。

表 2-5　明治政府官营非铁矿山所雇用欧美专家一览(1868—1883 年)

工作矿山	国籍	姓名	职务	月薪(日元)	工作时间
矿山本局	英国	戈德弗莱 (J. Godfrey)	总工程师	1000	1871—1877 年
		沃特斯 (J. Walters)	副总工程师	415	1873—1874 年
		弗莱施维尔 (R. Freshville)	教官、采矿师	370	1873—1876 年
		戴维斯 (W. Davis)	教官、分析师	365	1873—1876 年

续表

工作矿山	国籍	姓名	职务	月薪(日元)	工作时间
生野银矿	法国	科瓦尼(F. Coignet)	工程师	800	1868—1877 年
		蒙切特(E. Mouchet)	地质勘测师	700	1871—1880 年
		塞沃兹(D. Sevoz)	地质勘测师	570	1870—1871 年
		莱斯卡塞(Lescasse)	地质勘测师	300	1872—1873 年
		西斯利(L. Sisley)	地质勘测师	300	1873—1878 年
佐渡银矿	英国	戈尔(E. Gower)	工程师	600	1869—1873 年
		斯科特(J. Scott)	机械师	280	1870—1881 年
	美国	詹宁(A. Janin)	采矿技师	525	1873—1876 年
小坂银矿	德国	涅托(C. Netto)	工程师	450	1873—1877 年
		哈格迈尔(Hagmaier)	机械师	250	1875—1877 年
阿仁铜矿	德国	梅兹格尔(A. Mezger)	机械师长	500	1879—1882 年
		韦尔(von Weyer)	采矿助理	250	1881—1883 年
		海瑟(W. Heise)	机械师	250	1880—1882 年

续表

工作矿山	国籍	姓名	职务	月薪(日元)	工作时间
院内银矿	德国	邦萨 (C. Bansa)	机械师长	500	1879—1882 年
		罗埃辛 (B. Roesing)	熔矿师	300	1881—1883 年

资料来源:《日本工部省沿革报告》,日本工部省,1931 年,第 91—96 页。

此外,尽管聘请欧美专家始自官营矿山,但地方各私营矿山也纷纷仿效,从欧美国家雇用专家前来。例如,尾去泽铜矿聘请的美国工程师大卫·布莱恩(David Bryan),别子铜矿聘请法国采矿师拉罗克(Louis Larroque),石见大森银矿聘请的法国技师萨尔达(Paul Sarda),以及同样来自法国、受雇于山野金矿的奥吉尔(Paul Ogier)等都是其中的杰出代表。

二、欧美采矿业专家的实践活动

这些来到日本各个矿山工作的欧美采矿业专家对于日本采矿业的近代化发展提出了很多有价值的设想与建议。比如说,曾亲往日本各处调查矿山管理及矿产资源分布状况的科瓦尼写的《日本矿产资源调查书》《日本矿山管理政策》《阿仁铜矿意见书》,对于日本当局推动采矿业的发展起到了很大作用。其他重要的报告文书还有:涅托(Curt Adolph Netto,1847—1909)的《日本的矿山与矿产》,后于 1883 年被文部省翻译为《涅氏冶金学》,成为大学工学部的教科书;梅兹格尔(Mezger)的《关于日本采矿业与冶金业的一些思考》等。尽管这些报告书写作内容不尽相同,但反映了一个相同的主题,即采矿业的近代化并非仅仅等同于技术创新,管理模式的更新以及引进西方的运作模式也是不容忽视的方面。①

他们进一步建议日本政府对于矿山的开采与管理应该以近代方式逐渐取代旧有模式,对于与采矿相关的一线工种,如矿工、机械工、冶炼工等需要花大力气培养,务必使其能够掌握近代采矿技术。最为重要的是,专家们强烈建议明治政府统一收回对于官营、私营矿山的生产与管理权,将矿山收归国有。

除此之外,明治政府对于如何更好地开发及利用矿产资源没有好的办法,时任大藏卿的大限重信便向法国工程师科瓦尼询问相关事宜。科瓦尼于 1871 年呈送的报告书中阐述了自己对于日本官营矿山开发的几点建议:

第一,应在全国范围内选定六处官营模范矿区,将其作为其他民间矿山开发的参照模板。

第二,这六处示范矿区应该包括生野银矿、佐渡金矿等之前已在幕府时期得到一定开发的矿山,并采用新的蒸汽动力,在矿山内外铺设铁轨,还要架设反射炉、平炉等设备以及进行深井采矿、选矿作业。

---

① 参见[日]吉城文雄:《近代技术引进与采矿业的近代化》,大日本矿业研究委员会,1979 年,第 12 页。

第三，政府应该聘请大量来自欧洲国家的工程技术人员在采矿业的各个方面给予其指导，让其将带来的先进技术理念传授给日本人。

第四，这些模范矿山应该以西方的管理方式经营，以求得最大利益。[①]

该建议受到了明治政府的极大关注，并被积极采纳。此外，科瓦尼还认为日本旧有的采矿方法非常不科学，造成了大量矿产资源在尚未得到充分利用的情况下就被白白浪费掉。大多数采矿作业之后留下的废弃矿石被随意扔到地道入口处，殊不知这些“垃圾”其实蕴藏着大量矿产资源。通过实地调查、检测，发现这些遗弃的矿石中还可以进一步提取出7%左右的金属。科瓦尼还提到自己曾在距鹿儿岛西南20公里处的一处锡矿附近收集到一些废矿石，经过检测，几乎每一块都含有较高比例的金及银。[②] 在这些发现的基础上，科瓦尼建议大力引进西方的精密萃取设备以及凿岩机、空气压缩机等新设备，以提高矿石的开采利用率。日本作为一个矿产资源并不十分丰富的国家，需要充分利用现有资源。

在他看来，引进西方模式不应局限于由欧美专家与技术人员掌管机械与技术层面的改进工作，还应花大气力培养本土技术力量，使他们尽快掌握西方采矿技术。科瓦尼率先在

---

① 参见[日]林武：《日本的技术引进、发展及开发》，日本联合国大学，1980年，第37页。

② [日]矢岛祐利：《有关法籍矿山技师科瓦尼的新资料》，联合国教科文组织东亚文化研究中心，1970年12月，第六卷，第92页。

自己工作的生野矿山开设了一所培训学校,来着力培养日本的采矿技师。该校尽管开设没多久就停办了,但对于日本技工接受近代西方采矿技术的教育起到了一定作用。

另一个典型的例子是德国工程师涅托。他于 1873 年来到日本,直到 1886 年才离开。在日本工作期间,涅托先作为工部省下辖之小坂矿山(位于秋田县)的冶金技师工作了四年,之后又在 1877 年 10 月受邀担任新成立的东京大学工学部采矿学及冶金学教授,为日本近代矿山业培养了渡边度、野吕景义等一大批骨干力量。值得一提的是,涅托在前往小坂矿山赴任途中还不忘开展调查研究工作,对该矿山附近的地质及植被状况做了十分详尽的考察,为其今后进一步开展工作打下了坚实的基础。在他的建议下,小坂矿山采用了当时世界上较为先进的熔矿炉设备以及相关的德式机器设备,提高了单位生产效率。

那么欧美专家在日本的采矿业近代化过程中到底扮演了怎样的角色呢?首先是其带来先进的技术理念,促进了技术革新;其次,他们不但介绍西方技术,还着力培养日本本土的采矿业技师,使其承担下一阶段日本矿山开采产业自立发展的重任。在他们的帮助下,日本建立了专门讲授采矿与冶金方面知识的教育机构,这些机构后来被工部大学校及东京大学工学部吸收合并,培养出来的大批毕业生成为日本近代采矿业的主力军。毫不夸张地说,西方近代采矿与冶金技术是由他们带到了日本。通过学习,日本采矿业者找到了采矿业近代化的钥匙。[1]

这些远道而来的欧美专家对日本原有的采矿技术进行了改造。比如明治政府接管小坂矿山后，于 1870 年修建了新的熔矿炉，1873 年又聘请德国专家涅托任总工程师，进一步改造冶炼法，同时还着手建设洗矿厂、机械厂和焙烧炉等。到 1875 年 7 月，各种设备的安装工作全部结束，小坂矿山的生产技术为之一新，产量迅速增加。[2] 由此可见，欧美专家将西方近代先进的采矿技术带到日本之后效果立竿见影，给日本采矿技术带来了很大进步。这不仅提高了采矿作业的生产效率，降低了成本，而且使之前难以开采的深层矿得到了开发。

以上仅是从铁路、制丝、采矿三个行业管中窥豹，简单论述了欧美专家在其中的作用。

---

① 参见[日]吉木富明:《日本的金属采矿业如何现代化》，日本联合国大学，1980 年，第 49—50 页。

② 参见伊文成、马家骏主编:《明治维新史》，辽宁教育出版社，1987 年，第 492 页。

第三章　欧美专家与日本近代教育体制的构建

明治政府成立后，以“文明开化”作为建国的指导方针之一，发起了一场旨在学习西方教育制度、文化、科学，建立资本主义精神文明的文化运动。这场文化运动的核心是教育改革，即全面采用西方的教育制度和体系，提高日本的教育水平。[①] 但是，一个国家即使拥有再好的制度，如果没有掌握近代科学知识的人才，也是没有希望的。近代人才的培养必须依靠近代学校。而日本当时的学校从教育理念、教学内容、学校制度、教学方法等方面都不符合近代化的要求。通过聘请欧美专家，先进的制度、理念、内容、方法被带到日本，这为日本各个领域的近代化培养了一大批建设人才。而近代教育法规的制定与颁行，以及大批专门学校如雨后春笋般出现，为日本近代教育体制的最终确立奠定了坚实的基础，欧美专家在其中起到了关键作用。

---

① 参见祝曙光:《铁路与日本近代化——日本铁路史研究》，长征出版社，2004年，第115页。

第一节　欧美专家与近代教育法规的制定

日本教育近代化的重要标志是近代教育法规的制定与颁行,这些法规以国家法律的形式确保近代教育体制在日本的确立。

德川幕府时期,日本教育是以藩学(即藩校,各藩大名在自己的领地上设立的学校)、寺子屋(幕府后期逐渐在日本各地普及的、以寺院为中心开设的民间教育机构)、乡学(幕府及各藩在乡村兴办的带有私塾性质的教育机构,以教育士庶子弟为主)等形式存在的落后的封建等级制教育。[①] 幕府设立最高学府昌平寮,各个藩均设立藩校,培养忠实于上层统治阶级的幕臣、藩士及其子弟,武士阶层借此机会饱读儒家经典,钻研军事技艺,亦文亦武,独占了文化教育资源。一般的庶民子弟只能在寺子屋接受仅满足日常生活需要的初级教育,教学内容为简单的读书、写字及珠算(和算)等。可以说,当时的日本教育在教育层次上体现出了“四民”士农工商上下尊卑的不平等。而在各级各类学校中,其教学内容又多是有关“四书五经”的知识,进行效忠主君、安分守己等道德伦理的说教,以迎合幕藩领主的统治需要,因而被大力提倡与普及。

明治初期,新政府的领导者们一致认为,要摆脱国家的

---

① 张健、王金林主编:《日本两次跨世纪的变革》,天津社会科学院出版社,2000年,第414页。

积贫积弱状态，发展资本主义进而跻身世界先进国家行列，就必须优先发展教育事业。而在这一时期，日本的师资状况很不理想，教师多由原来寺子屋的“师匠”充当，他们对于新教科书非常陌生，不习惯使用阿拉伯数字，不会教授新式算术和科学课程，“教学方法也自出心裁，做过神官的教员用念祝词的调子读教科书，而做过僧侣的教员则用诵经的调门朗读课本，等等”①。

在国内极度缺乏掌握近代教育理念与科学知识的教师队伍的大背景下，考虑到靠国内培养又尚需时日，明治政府为解燃眉之急，改变落后的教育状况，就必须虚心向欧美人请教，接受欧美专家的指导，招聘欧美教师作为一项应急的教育措施应运而生。新政府不惜以高薪聘请数以千计的欧美教师帮助制订教学计划、讲授新式课程与传播近代教育理念，可谓用心良苦。其目的是学习和移植西方先进国家的教育制度，以迅速实现日本近代教育的自立。同时采取直接“请进来”的方式也有利于日本教育在发展之初就建立在较高起点之上，能够比较便捷地缩短与西方先进教育之间的差距。

明治政府开始积极引进欧美教师，一方面让其在教育第一线直接任教，传授西方近代科学知识；另一方面希望借助其力量改革整个国家的教育体制，将西方近代教育模式移植

① 祝曙光：《铁路与日本近代化——日本铁路史研究》，长征出版社，2004年，第115页。

到日本。据统计，从1868年到1872年，仅欧美教师的工资支出就占当时国家总预算的3.98%。[①] 这些欧美专家所涉及的学科领域极为广泛，不仅涵盖自然科学，还涉及人文社会科学。他们对于日本的近代化进程有着不可或缺的推动作用，为日本直接吸收欧美文明做出了重要贡献。

由表3-1可以看出，日本在聘请各个领域的外籍教师时总是抱着“向强者学习”的心态，从各国所擅长领域聘请相应的教师前来任教。因为当时德国在诸如数学、物理、化学、地质学等自然科学领域居于领先地位，所以明治政府聘请的该国自然科学教师基本上是其他国家教师人数之和；而人文科学领域则是英国教师占据多数，这也与英国多年来一直重视人文教育有关。不过总体来讲，在整个教育领域，德国人对于日本近代教育发展的影响力无疑是最大的。

表3-1 1868—1890年文部省聘用欧美教师分领域、分国籍统计

单位：人，%

领域	美国	英国	法国	德国	其他	合计
自然科学	13	15	9	39	3	79
人文科学	15	20	10	17	6	68
社会科学	6	3	4	7	2	22
合计	34	38	23	63	11	169
所占比例	20.1	22.5	13.6	37.3	6.5	100

资料来源：[日]尾形裕康：《西洋教育输入的方式》，讲谈社，1961年，第80页。

① 参见[日]山住正己：《日本教育小史》，岩波书店，1989年，第31页。

后来随着自身教师队伍的培养工作走上正轨，自 19 世纪 80 年代之后，本土教师投身到日本近代学校教学、管理的第一线，再加上由于日本留学生的不断学成归来，他们逐渐开始取代欧美教师，成为日本各级各类学校教师队伍的主力，文部省雇用的欧美教师数量随之大大缩减。（见表 3-2）可不管怎样，这些来自欧美国家的教师将西方先进的科学文化知识传播到了日本，为近代教育体制在日本的最终建立发挥了重要作用。

表 3-2　1874—1882 年文部省聘用欧美教师一览

单位：人

年份	人数
1874	64
1875	72
1876	78
1877	53
1878	48
1879	45
1880	39
1881	27
1882	27

资料来源：[日]三好信浩：《日本教育的开国：外国教师与近代日本》，福村出版株式会社，1986 年，第 58 页。

一、维尔贝克与《学制》的筹划

在服务于近代日本教育建设领域的众多欧美专家当中，维尔贝克无疑是最为杰出的一位，他不但通过自己的教育教学活动积极传播西方先进的教育理念，还直接促成了《学制》的制定工作，并且协助明治政府健全海外留学制度，为日本教育的迅速转型奠定了坚实基础。

1871 年，文部省——这一模仿近代西方学政一元化的全国性教育管理机构的建立，标志着中央政府开始收回之前各藩独立的教育管理权，寻求推行统一、系统、有效的教育改革活动。维尔贝克受邀担任文部省的顾问，他建议政府应该首先整顿幕府时期遗留于各地的教育机构，以此充分整合、优化现有的教育资源，并且开设一批新式学校。对于幕府时代的各种教育设施，明治政府亦加以重新改组，以资利用。之前幕府创立的昌平寮、医学所等高级教育机构，几经调整，在 1877 年 4 月合并为拥有法学、理学、文学、医学四个学部的东京大学；诸藩设置的 200 余所藩校被改设为中学；遍及各地的上万所寺子屋被改造成小学校。

另外，创建一套完整、正规化的国民教育制度也是文部省自建立伊始即着手的工作，因为文明政治的条件之一在于建立学校培养人才。[①] 由于对近代教育体系不甚了解，文部省专门成立“学制取调挂”，组成学制调查委员会，维尔贝克

① 参见郑彭年：《日本西方文化摄取史》，杭州大学出版社，1996 年，第 247 页。

在其中担任顾问,全面负责起草《学制》的工作。

维尔贝克大力协助编译《荷兰教育纲要》与《1833 年法国学校法》,这两份文件详细介绍了以荷兰、法国为代表的欧美国家的学校制度,它们都是明治初期日本政府乃至有识之士了解西方学校制度、制定新学制的主要参考材料。但在协助制定《学制》的具体操作过程中,维尔贝克也遇到过特别棘手的问题。比如,当时有一位日本官员就认为新学制应该像以前一样突出作为"日本精英阶层"的武士的教育特权,普通民众只需接受最为基本的教育即可。维尔贝克得知后便与这位官员进行多次讨论,向其灌输西方近代教育的精髓即在于全民普及、教育机会均等的理念,如再拘泥于前制,无异于与新学制的指导思想背道而驰。经过维尔贝克多次苦心开导,这位官员逐渐剔除了封建的教育思想。

维尔贝克结合日本实际国情,向文部省积极推荐单轨制的现代学校制度,即"小学—中学—大学"由低向高三级构成的近代教育制度,以小学、中学、大学作为主要系统,教师培养机构和产业技术教育机构作为旁系。[①] 在学校中,外语是学生必修的科目。为了推动这项政策的启动与顺利开展,明治政府在维尔贝克的大力合作下雇用了大量外籍教师,其中多为美国人。在工部大学校中,来自英国的教师占据了多

① 参见李文英:《模仿、自立与创新——近代日本学习欧美教育研究》,河北教育出版社,2001 年,第 90 页。

数。[1] 维尔贝克的设想是，日本的新教育体制应以模仿西方为首要任务，积极吸收欧美各国教育制度的长处，将各自的"最优秀者"融合起来，建立一套完整而理想的学校教育制度，由此来推动教育的近代化。维尔贝克还对幕府时期日本教师的素质提出了自己的看法，认为："教师的主要责任在于发展学生的心智，拓展他们的视野，教会其如何独立思考，这是至关重要的。"而反观日本的教师则一味地向学生灌输落后于当今时代潮流的"四书五经"，这是完全不对的。

除此之外，维尔贝克建议政府应在制度上保证各阶层民众受教育的机会均等，破除从前士族对教育资源的垄断。要在全社会大力宣传"邑无不学之户，家无不学之人"的全民教育理念，只有这样才能收到普及教育之实效，提高国民素质。

在维尔贝克与其他日本同行的精心筹备与调查研究下，1872 年 9 月，日本近代以来第一部教育法规——《学制》诞生了。《学制》分为学区、学校、教员、学生和考试、海外留学生规则、学费等项目，总计 109 章。次年，通过增补，达到了 213 章。[2] 其基本规定如下：

学区：日本全国共划分为 8 个大学区，每个大学区设立 1 所大学；每个大学区分为 32 个中学区，每个中学区设 1 所中学；每个中学区又分为 210 个小学区，每个小学区设 1 所小

---

① William Elliot Griffis, *The Mikado: Institution and Person*, Princeton, NJ: Princeton University Press, 1915, p.232.

② 参见顾明远、梁忠义主编：《世界教育大系・日本教育》，东北师范大学出版社，2000 年，第 198—199 页。

学。小学分为初等小学与高等小学,各学习四年。小学招收6岁至14岁的学生,中学招收14岁至19岁的学生。进而在全国范围内确立"全民皆应受教育"的理念。

专门学校:特指聘任外籍教师传授高深学问的学校,分为法学校、理学校、医学校、各种艺术学校、矿山学校、工业学校、农业学校和兽医学校。

教员资格:小学教师必须年满20岁,且拥有师范学校毕业证书或完成中学学业者;中学教师必须年满25岁,且拥有大学学位者。《学制》还允许私学、私塾的存在,但是此类私立教育机构的教学计划、内容及课时安排必须通过当地教育主管部门的审核与批准,其才能进行招生及开展相关教学活动。

学生和考试:学生必须经过考试,达到规定要求。

学校的经费:经费来源一是学生缴纳的学费,二是民间的赞助,三是国家财政的补助。①

此外,维尔贝克在制定《学制》期间还认真撰写了《柏贝克报告书》(此书"柏贝克"即"维尔贝克"),并向文部省正式提交,其中对美国的学校组织、学校教具、学校用书管理等进行了具体介绍。在小学校的具体课程安排上,他建议应下大气力培养学生阅读、写作等基本能力,还要学生学习数学、历史等近代课程。此外,维尔贝克还联合其他欧美专家一起翻

---

① 参见吴光辉:《转型与建构——日本高等教育近代化研究》,世界知识出版社,2007年,第112页。

译了许多介绍欧美教育方面的专业书籍，对制定新学制帮助很大。如《美国教育年表》（四卷本）就详细收录了美国各州的教育制度状况与各类统计资料，这些欧美教育书籍的译介，为日本近代教育的改革提供了重要的参考蓝本。[1] 维尔贝克还多次向明治政府强调教育并不单单是全国划一性的体系，必须因地制宜，适应地方实情，因此，教育事业的管理权应该逐步委托给地方，这不但可以充分调动地方政府发展当地教育事业的积极性，也可以借此节省中央政府的开支。

可以说，《学制》作为近代日本第一部教育法规，是参照欧美强国的教育制度制定出来的，它是一项庞大而完整的国民教育计划，确立了从小学到大学的近代学校教育体制。通过它的制定及颁行，日本移植了欧美强国最为先进、完善的教育制度。其高起点、高质量的教育立法及其强制实施，为日本这个后发国家超常规、跨越式发展奠定了坚实的基础。而维尔贝克在其中的建设性作用，对于《学制》最终的成型、完善乃至实施是不可或缺的。

二、大卫·马利与《教育令》的出台

岩仓使节团赴欧美诸国考察的一个重要目的就是引进西方先进的教育理念，在日本确立近代教育制度。当时负责教育事务的田中不二麿受到文部省的派遣作为随员同行，其重点考察西方各国的学校管理体制、组织状况等，尤其是聘

---

① 参见[日]三好信浩：《日本教育史》，福村出版株式会社，1993 年，第 145 页。

请一位来自国外的学者到日本协助进行教育改革工作。

美国著名的教育家大卫·马利(David Murray,1830—1905)最终脱颖而出,这是因为相比其他人而言,其对于日本教育提出的建议更为系统和科学,也更为贴近日本当时的实际情况。马利认为日本的近代教育应该建立在尊重本国传统的基础之上,要重视国民教育及女子教育,另外还要大力引进西方的先进教学方法及设施等。具体而言,为了提升整体国民的素质,每个人都应该至少接受初等教育,而且女子与男子都应有接受教育的权利,应该一视同仁,不可剥夺适龄女孩的受教育机会。其建议得到了以岩仓具视为首的使节团成员的一致赞许,在经过多次交流之后,马利被聘为学监(文部省顾问),其主要职责有:第一,主管日本一切有关学校等教育机构的建设发展事务;第二,努力提升学校教师队伍的知识水平;第三,与文部省相关负责人精诚合作,进行教育教学改革工作。马利的月薪为600日元,这一待遇在当时是很高的。

1873年6月,马利来到日本,开始承担学监的工作。他对于日本近代教育的贡献主要集中在教育行政方面,他指导日本教育改革的两条原则是尊重日本传统文教思想与渐进改革。当时日本实施的是于1872年颁行全国的《学制》,但由于过分强调文部省对全国教育事务的统一管理,不考虑地方实际情况,各地兴办教育的积极性并不高,问题丛生。首先,政府掌握教育大权,导致财政困难。当时文部省的经费占到明治政府年度财政支出的3%,但仍不能有效解决各地存在的教育问题。可以说，中央与地方各级政府均缺乏足够的资金来运作这一适用于全国的庞大教育体系。其次，学制规定的义务教育带有强迫性，加上全盘引进西方课程，对于只有七八岁的学童来讲有揠苗助长之嫌，使其难以立即接受与消化，遂对学习产生厌烦情绪。比如说，在小学校的课程表中，除了读、写、算等科目之外，还增加了地理学、博物学和化学等科目。虽然这些都是在推进近代化方面所必需学习的新知识，然而这些新课程不但对儿童来说是难以接受的，而且能够讲授这些科目的教师也寥寥无几。在学校里，把亚当·斯密的著作翻译成日文本，作为经济学教材使用，结果不但儿童不懂，教师也难以理解。[①] 此外，在广大农村地区封建体制依然根深蒂固、难以撼动，《学制》精神与农民的现实生活相脱离，农民子女入学率很低，因为他们认为将自己的子女送往学校学习是一种浪费，没有任何实际用途。而且学校过于昂贵的学费，加重了广大民众的负担。[②] 因此，入学率增长缓慢，1873 年学龄儿童入学率为 28.13%，到了 1877 年，入学率也仅为39.88%，未超过半数。[③] 另外，学校建设事宜也进展得很不顺利，虽然《学制》划定了大学区，可是各个地

---

① 参见[日]永井道雄：《近代化与教育》，王振宇、张葆音译，吉林人民出版社，1984 年，第 65 页。

② 参见[日]时野谷胜：《教育令制定的历史背景》，开国百年纪念文化事业会编：《开国百年纪念·明治文化史论集》，乾元社，1952 年，第 131—132 页。

③ Ardath Burks (ed.), *The Modernizers: Overseas Students, Foreign Employees, and Meiji Japan*, Boulder, Colorado: Westview Press, 1985, p. 309.

区的教育行政机构始终未能建立起来，大学的设立更是遥遥无期。《学制》改革势在必行。

在这种状况下，对《学制》进行改革的工作被明治政府提上了议事日程。为了更好地针对日本实际以制定教育改革方案，1873 年，马利亲自前往长崎、兵库、大阪、京都等府县，考察当地教育开展情况，并写成《学监马利禀报》及《学监考案日本教育法》等报告书，其中详细记载了各地实施《学制》的情况及存在的问题，并且提出了自己的改革意见。在报告书中，马利重申了自己的基本教育理念。首先，他强调教育的基本目标是培养身心健康、各方面协调发展的人。其次，根据人们的需求变化对教育进行渐进式改革。比如说，针对当时有的日本官员倾向于全盘采纳西方模式以取代日本传统的教育方法，甚至有人建议在日本的课堂上改用英语教学等激进的改革方案，马利认为是不可取的。即使对于《学制》也应持批判吸收的态度，不应全盘否定。政府不应将自己的全部注意力都放在基础教育上，还要多关注高等教育的发展，这样才能使教育事业的发展更加平衡和有序。[①] 除此之外，马利还建议日本政府应该给那些聘请欧美教师的学校提供一定的财政补助，因为正是这些欧美教师带来的先进教学方法，促进了日本本土教师的迅速成长。他进而认为政府应统一编订通行全国的教科书，各地方学校可以根据自己的教

① Ardath Burks (ed.), *The Modernizers: Overseas Students, Foreign Employees, and Meiji Japan*, Boulder, Colorado: Westview Press, 1985, p. 310.

学需要选择使用。最后，针对日本历来忽视女子教育以及男尊女卑的思想，马利特别指出女子教育的重要性：妇女天生具有培养孩子的特质，其言传身教对一个人的成长至关重要。因此，他呼吁政府设立女子师范学校，以培养大量女教师，进入教育教学第一线工作。

在马利所写的其他报告中，他还赞扬了地方教育官员的乐观主义精神，并认为缺乏教科书与科学的教学方法、课程设置不合理、缺乏训练有素和富有经验的师资是地方学校的痼疾。此外，学生性别比例严重失调，并没有多少女孩接受教育。在他所考察的地方中，马利认为京都的学校在推进近代学校教育方面起到了示范作用，那里学校建筑的优美、教室的布局都使其大为吃惊，其中有大量学龄儿童就学，不乏女孩的身影，在课堂教学过程中也大多采用挂图、黑板、地球仪等一些新式的教学辅助工具。这一切都给马利留下了极深的印象，他相信日本的近代教育事业一定会迎头赶上，进入国际先进行列。

总之，马利的建议基本上被文部省采纳，众多师范学校如雨后春笋般在各地建立，教学方法也得以改进。在他的推动下，经过一番筹备，日本政府在东京附近的神田町设立了第一所女子师范学校，此外他还组织翻译并出版了大量美国学校教科书以供各学校参考。马利对于日本的教育改革持渐进主义的观点，即应循序渐进地做好基础工作，并依据日本国情制定相应教育政策。

马利还建议日本政府应该以颁布基本法的形式重申义

务教育的重要性，其方案认为，新学制规定小学修业年限八年，是不符合当时日本实际情况的。因此，应该只把初等小学的四年作为义务教育，并把高等小学的四年分成两个阶段，各为两年，以求逐渐充实教育。应规定在不得已的情况下，至少每年保证学习四个月。除了上述主张外，马利还认为文部省有必要对具体的教学内容进行监督，并提出了关于小学、中学、师范学校等应设的科目、入学资格和修学年限等具体的规定。①

他的提议后来得以实现。1879 年《教育令》最终颁布，其仅由 47 项条款组成，与 1872 年《学制》相比条款数量大大缩减。初等学校、中等学校、大学、师范学校及各专门学校被正式承认为官方的教育机构。受美国自由主义及实用主义教育理念的影响，《教育令》强调地方分权，把教育管理权下放，并且尊重办学模式的多样化。这一规定尊重地方办学的自主权，在实施过程中克服了之前中央政府对于各地教育事务不分具体情况一律大包大揽的弊端，充分调动了地方办学的积极性。只有中央与地方通力合作，才能最终产生合力，共同推动日本近代教育事业向前发展。

三、《海外留学生规则》的颁布

派遣留学生赴海外进行学习活动，身临其境、直接接触

---

① 参见[日]永井道雄:《近代化与教育》，王振宇、张葆春译，吉林人民出版社，1984 年，第 71—72 页。

西方先进国家的风土人情与科学文化，待其学成归国后移风易俗，促进本国的风气开化，无疑是后发国家加快本国近代化进程必须认真实施的举措。

早在德川幕府末期，幕府与各藩就零星地派出过一些年轻的藩士到国外学习，但这不是很系统的政府行为，因为没有相关政策的支持，操作也不甚规范。当时尚在长崎的维尔贝克不但在学校认真给学生传授西方科学文化知识，而且还牵线搭桥，通过多种渠道，积极推荐自己门下的优秀学生前往美国的大学留学。维尔贝克这样做的初衷是希望通过自己的努力，促使日本广大青年学生能够更加直观地了解和认识西方，并且理解欧美先进资本主义国家高度发达的物质和精神文明，最终担负起推进本国近代化事业的重任。

维尔贝克在来日本之前是美国荷兰归正教会的传教士，他与该教会从事教育工作的费里斯牧师(Rev. Ferris)关系密切，便希望通过他来促成自己学校中的优秀人才赴美深造。1867年，来自萨摩藩的松村淳藏、岛山义成、永井五百助、大原令之助四人得到维尔贝克的推荐前往美国留学，后来大多进入拉特格斯大学学习，其中松村与永井学习海军、岛山学习陆军、大原学习外交和政治学。[①] 同时，具有浓厚教会背景的拉特格斯大学也希望通过吸引大量日本学生来校就读，推动基督教在日本的迅速传播。维尔贝克还经常利用休假时

---

① 参见[美]阿达斯·巴克斯编:《推动近代化的人:留学生、雇佣外国人》，[日]梅溪昇译，思文阁，1990年，第68页。

间去美国看望自己的学生，在生活上给予他们无私的关心与呵护，缓解他们初来异国时的不适应。据统计，从 1865 年至 1871 年，日本派往美国的留学生有 300 余人，其中有一多半都是通过维尔贝克与费里斯的关系渠道前往学习的。

明治政府成立后开始着手整顿留学活动，为了便于管理，决定制定出一部全国性的有关出国留学的规章制度。1871 年初，政府发布《海外留学生规则》，它是日本近代第一个经中央政府制定的留学生管理规定，标志着日本近代留学生制度的创立。对此，维尔贝克作为顾问起了很大作用，他认为制定这一规则的目的在于："大兴遣欧学生之举，使之通达欧美国体、政治、风俗、人情，研究其制度、文物、学术技艺及其他百科，鼓舞日新之民，赞助开化之运，以辅弼国家之隆盛。"[①]维尔贝克建议严格做好公派留学生的选拔工作，留学对象的选择必须贯彻平等主义原则，做到留学生选拔的公开、公平、公正。无论该生是贵族还是庶民子弟，必须是年龄在 16 岁至 25 岁之间，对日、汉典籍及洋学有一定基础，并且通晓所去国家语言的禀性诚实者。务必要切实保证被公派出国的留学生都是具有相当学力、成绩优秀、有培养前途的学生，以便使有限的留学经费发挥最大的效用。国家还应严格制定考试机制，举行全国统一考试进行选拔。此外，维尔贝克还协助日本政府专门制定了留学注意事项，规定留学经

---

① 李文英：《模仿、自立与创新——近代日本学习欧美教育研究》，河北教育出版社，2001 年，第 66—67 页。

费的额度与支配方式。他建议政府与地方各藩共同集资以资助留学人员赴海外留学，打消留学生家庭的顾虑。

改革的效果是立竿见影的，1869—1870 年日本海外留学生为 174 人，1873 年迅速增加到 373 人。一批批留学生学成归国后充实了日本近代化建设事业的人才队伍，极大地促进了近代化各项事业的开展。1889 年，日本政府解雇了 275 名供职于各部门的欧美专家。在此之后，日本的教育、科技工作完全以归国留学人员为主体全面开展起来，日本由此迈进独立发展本国近代化事业的崭新阶段。

第二节　欧美专家与专门教育机构的设置

教育体制是教育机构与教育规范的结合体、统一体，而教育机构的设置又是确立一个国家教育体制所必不可少的重要环节。由于日本近代化发展初期急需各领域建设人才，政府组织兴建了大批专门学校。正如日本学者天野郁夫所评价的，专门学校之所以受到明治时期日本人的重视与欢迎，最为关键在于它是一个注重实用之学的“速成”教育机构。① 这种速成技术学校主要由负责开展“殖产兴业”政策的工部省下辖各部门——铁道寮、矿山寮、电信寮、灯台寮等举办，为本部门培养中、初级技术人员。如电信寮就于 1871 年后在本部门内设立专业技校，招收年龄 12 岁至 20 岁的学员，

① 参见吴光辉：《转型与建构——日本高等教育近代化研究》，世界知识出版社，2007 年，第 165 页。

学员自入学后须在电信寮工作五年（含学习时间）以上。截至 1885 年工部省撤销，总计有超过 1200 名学生从该校毕业，充实了生产部门的技术队伍，同时也更向高一级的教育机构输送了大量人才。[①] 这些专门学校在建校伊始就聘请了欧美国家的一流学者前来任教。下面仅以文部省的大学南校及工部省的工部大学校为例，说明欧美专家在日本近代专门教育机构建立方面做出的杰出贡献。

一、维尔贝克与大学南校的成立

自日本开国以来，英美船只纷纷驶入日本各个通商港口，这就需要大批专门从事外语翻译工作的人才，而当时其数量是远远不能满足实际需要的。因此，幕府为了更好地管理对外事务，培养外交人才，便命长崎奉行在当地设立一所英语学校，并且招聘欧美教师任教。维尔贝克品行敦厚、为人谦和，同时熟练掌握英、荷、法、德四门外语，遂受到幕府长崎奉行的认可与推荐，担任济美馆（前身是 1863 年幕府设立的长崎洋学所，1864 年始改此名，为大学南校的雏形）的首席教师。在维尔贝克的大力推动下，济美馆展现了与以往旧式学校不一样的地方。首先，该校在日常授课之余积极将西方自由主义学术思想灌输到学生的头脑中；学生还可以为学校教务发展提出意见，这在当时无疑是一个革命性的举措。其

① 参见［日］三好信浩：《日本工业教育成立史的研究》，风间书店，1979 年，第 231 页。

次，招收学生时打破了地域界限。以往幕府规定各藩的洋学校只能在本藩内招生，不利于各地学术思想的融合与交流。维尔贝克向幕府反映此事并得到了批准。当时招收的学生除了来自长崎所在的佐贺藩（今佐贺县及长崎县一部分）以外，还有来自萨摩藩（今鹿儿岛县西部）、长州藩（今山口县北部）、土佐藩（今高知县）及肥后藩（今熊本县）等藩的学生。最后，为了培养学生的近代国家意识，消除各自具有封建狭隘性的地方观念，维尔贝克向学生们传授一些浅显的西方近代科学知识与近代国家观念。因为在当时日本人的头脑中，只有狭隘的乡土观念，对近代民族国家的概念知之甚少，可谓"知有各藩而不知有国家"。维尔贝克希望通过自己的微薄努力使人们剔除头脑中由来已久的封建藩属观念，从而建立起对国家的认同感。

济美馆除重视学生外语能力的培养，加强诸如英语、法语、德语、俄语等语种的教学之外，还新增设了物理学、地理学、世界史、经济学等介绍西方先进科学文化知识的课程。维尔贝克亲自讲授英语、德语以及欧美国家的法律思想，对学生启发很大。

随着维尔贝克声名日盛，来自日本各地、胸怀拯救国民远大志向的青年才俊纷纷聚集于济美馆，学生人数超过一百名，一时盛况空前。于是，"济美馆成为信奉欧洲（西方）学术的日本年轻人的聚集地，科学的光芒从这个小天地向四方放射”[①]。维尔贝克将近代欧洲先进的科学技术知识传授给这些求知若渴的年轻人，他也以其广博的知识、谦逊的品格深受学生欢迎。

后来，新成立的明治政府邀请维尔贝克前往东京开展教育活动，并出任政府主办的大学南校（即东京大学的前身）的教务长，全面协助日方推进近代学校教育改革事宜。大学南校是明治政府仿照西方近代高等学校的模式建立起来的，自成立伊始，该校就从欧美各国聘请到很多专业教师。这些教师服务年限不一，多则三四年，少则几个月。据统计，1870 年至 1871 年间，总共有 18 名欧美教师在这里任教。[②]

维尔贝克首先向日本官员建议，大学南校招募的学生年龄应在 16 岁至 20 岁之间，全日制学习期限为五年，学费应由学生所在地方的财政支出，学生从全国各地招收。因当时有众多外籍教师在校任教，外语教育被列为学校教育教学活动的头等大事，这自然也是适应新形势下日本对外交往日益频繁，急需大量精通外语人才的需要。据统计，建校第一年招生，大学南校从全国 261 个藩中招收学生 310 名，其中主修英语的有 219 人，法语 74 人，德语 17 人。除此之外，维尔贝克积极介绍欧美国家先进的教育制度，但并非要求日本教育处处移植西方的东西。比如日本在维新之前基础教育就已开展得较为成功，寺子屋的普及使得广大平民具备了基本的读

---

① [日]高桥祯一：《洋学思想史论》，新日本出版社，1979 年，第 221 页。

② 参见[日]井上久雄：《明治维新教育史》，吉川弘文馆，1984 年，第 65 页。

书、写字能力，因此把教育改革的重点放在高等教育上。文部省之所以聘请维尔贝克为顾问，也是希望他能充分考虑日本实际情况，发展本国的近代高等教育。

在大学南校任教期间(1868—1873 年)，维尔贝克不仅教授日本学生英语、法语、德语等多门外语，还传授多门专业知识，如建筑工程、宪法、国际法、政治学原理等，涉猎领域极广。据他的一名学生前岛密(1835—1919，日本近代邮政制度的创立者，曾于 1864 年在长崎接受维尔贝克的指导)后来回忆说："维尔贝克先生教授的课程涉及领域极广，不仅仅是教授英语与西方社会法律知识，还包括铁道、土木、机械、数学等专门知识，他总是深入浅出、娓娓道来，使我们受益颇多。"[①]这个原因是不难理解的，由于维尔贝克曾在荷兰读过理工科大学，后来又在美国成为土木工程师，因此他对于工科方面的知识掌握的程度无疑也是很高的。学生们经常向他请教有关西方的各类问题，维尔贝克总是不厌其烦、有问必答，因此被学生与众多曾与其共事过的人称为"美国圣人"(American Saint)。

由于学生的课本直接从国外引进，并要求用英语写作课程论文，学生们在理解上遇到极大的障碍，维尔贝克总是化繁为简，耐心地向学生讲授，并且改变了之前日本学校口耳相传式的教育方法，引进了黑板等新的教学工具，以便在上面写下公式及一些知识重点，使得教学活动十分生动活泼，

---

① ［日］仓泽刚：《学制的研究》，讲谈社，1973 年，第 143 页。

学生则能更好地吸收与消化新知识。与此同时，维尔贝克还将西方的课堂教学方法带到日本。之前，日本传统的教学模式是教师坐在讲堂前，在座的学生则齐声朗诵各自手中的儒家经典。维尔贝克改变了这种呆板而又僵化的教学模式，鼓励学生们大胆提出自己有关某一问题的设想及不同看法，并且可以自由地与教师进行讨论甚至激烈辩论，这就更加激发了广大学生的求知欲，活跃了课堂气氛，教学效果得到显著提升。[①]

除此之外，维尔贝克还建议在大学南校下设一些专科学校，负责培养具有专门领域知识的学生。后来，文部省采纳了这一建议，分别设立理学、化学、天文学、法学等专科学校。另外，在其积极提倡与推动下，大学南校还率先引进了西方国家大学的学位授予制度，为后来向外推广奠定了基础，为日本近代高等教育的学科建设与进一步发展构筑起一个坚实的平台。

总之，维尔贝克在大学南校里大刀阔斧地进行了一系列教育教学改革，为日本今后在全国范围内的教育体制变革奠定了坚实的基础。

二、亨利·戴尔与工部大学校的创建

技术本土化、自立化是技术引进成功的重要标志，也是

---

① 参见[日]村濑寿代：《维尔贝克及其长崎众弟子》，桃山学院大学：《桃山学院大学基督教研究》1977年，第36卷，第76页。

技术引进的核心问题。日本在开国之后敏锐地认识到：第一，在西方军事优势的背后，存在着产业技术优势；第二，在产业技术优势的深处存在着近代科学思想；第三，有必要培养本国的科技人才。[①] 因此自明治政府建立之初，就将“殖产兴业”政策定为政府工作的重心，以工部省为依托，在工业领域聘请了大量欧美专家。据后来统计，工部省每年聘用的欧美专家数量相比其他政府官厅均居压倒多数，其目的就是通过这些欧美技术专家的指导，为日本工业化培养技术人才，而这一切随着工部大学校的建成开始有条不紊地进行。

正如时任文部省专科学务局局长滨尾新所说的那样：“在我国不是先有近代工厂，后办教育，而是先办起工业学校，培养出毕业生，才计划办工厂。”[②]1871 年设立的工部大学校（起初称“工学寮”）就是基于此而成立的。其原本是工部省为了培养矿山、铁道、电信、灯塔等各领域的技师而专门建立的综合培训机构，其从全国各地招募 15—20 岁的青年学生，由政府出资，让他们接受工学教育。由于实在缺乏具备足够知识水平的师资力量，工部省全权委托此时正在欧美诸国考察访问的岩仓使节团代工部大学校选任合适的教务长（校长）。

其实明治政府自成立伊始即在国外积极寻找能够协助

---

① 参见［日］杉本勋编：《日本科学史》，郑彭年译，商务印书馆，1999 年，第 329 页。

② ［日］永井道雄：《近代化与教育》，王振宇、张葆春译，吉林人民出版社，1984 年，第 99 页。

本国推动工业化建设的人才，作为工业化强国的英国更是明治政府希望模仿的对象。1872 年，岩仓使节团在英国访问期间，当时还不到 25 岁的格拉斯哥大学工程学研究生亨利·戴尔被其导师兰金推荐给伊藤博文，由于格拉斯哥大学是当时英国乃至整个西方近代工学教育的重镇，再加上戴尔本人品学兼优，因而他被日本政府聘任为工部大学校的校长，全面负责学校教学管理事务。

1873 年 7 月，戴尔来到工部大学校，随后就满腔热情地投入到这一新的工学教育机构建设之中。戴尔的目标是将英国式重视经验的教育理念与其所欠缺的有组织的学校制度结合在一起，按照此设想开展具体工作。当时西方近代工学的发展已经脱离了早期单纯的技术领域，独立成为一门系统的、讲究学理的专门学科。但从整体而言，英国偏重对学生进行实践教学，其他如法、德等欧洲大陆诸国则以理论教育为主，均缺乏综合研究工学的教育机构。那时欧洲已出现了一所研究工学的综合学校，即瑞士的苏黎世工业学院，而最先开展工业革命的英国尚没有此类机构。因此，戴尔希望在日本建成一所专门研究工学的学校。

他在担任该校校长的同时，还负责讲授土木工学及机械工学等课程。从 1873 年到任，直到 1882 年合约到期离职的近十年间，戴尔将个人全部精力都奉献给了工部大学校。

首先，他参考、模仿苏黎世工业学院的课程设置，亲自制定工部大学校的课程表，将该校所授科目分为土木、机械、电气、建筑、应用化学、矿山学与冶金学七大学科门类。分门别类地教授学生，使得该校毕业生学有专长，所学知识直接与实际生产活动接轨。

其次，戴尔规定学生在校学习六年时间，前两年进行普通预科教育，对学生进行外语、数学、制图学、物理学、化学等基础学科的教育，为其今后进一步学习打下坚实基础；接下来两年依照学生兴趣、爱好进行专门的技术教育，并进一步划分为前述七大科系；最后两年深入车间、厂房实习，将所学知识与生产实践结合起来。针对当时日本缺乏实习设备及场所的现实情况，为了更好地为学生提供实践操作的机会，戴尔不惜自掏腰包，从英国购置价值不菲的机器设备，协助在赤羽建立了工程实习中心。此外，他还积极推荐自己的学生前往英国学习，身临其境感受工业化给英国带来的巨变，增强建设祖国的决心。在日常教学安排上，该校也很特别，其上午开设德国式的讲座课程，下午开设英国式的实践教育课程，把二者有机联系起来，使培养出来的学生能够理论联系实际。这种教学方式在当时世界范围内还是极为少见的。

此外，戴尔还通过个人关系将众多学有专长的英国教师邀请至学校授课，如土木学兼机械学教授约翰·佩利（John Perry）、电气学教授 W. E. 艾尔顿（W. E. Ayrton）、化学教授爱德华·迪沃斯（Edward Divers）等都是当时英国乃至世界上相关学科的知名学者。（参见表 3-3）他们的到来充实了教师队伍，提高了教学水平。

表 3-3　工学寮欧美教师一览(1873—1876 年)

职务	姓名	毕业院校	月薪(日元)
校长兼工学教授	亨利·戴尔 (Henry Dyer)	英国格拉斯哥大学	660
电气学教授	艾尔顿 (W. E. Ayrton)	英国伦敦学院大学	500
数学教授	马绍尔 (David Marshall)	英国爱丁堡大学	350
化学教授	迪沃斯 (Edward Divers)	爱尔兰皇后大学	500
英语语言学教授	克莱吉 (William Craigie)	英国阿伯丁大学	208
制图学教授	蒙蒂 (Edmond Mondy)	英国伦敦皇家矿业学校	208
土木学兼 机械学教授	佩利 (John Perry)	爱尔兰皇后大学	333
地质学及 采矿学教授	米尔恩 (John Milne)	英国伦敦皇家矿业学校	350
英语语言学 教授	迪克森 (William Dixon)	英国格拉斯哥大学	250

资料来源:[日]三好信浩:《日本工业教育成立史的研究》,风间书店,1979 年,第 269 页。

工部大学校为日本培养了大量优秀的工业技术人才。1879 年 11 月,该校首届毕业生有 23 人,全部进入工部省内各个职能部门工作,其中有 11 人还受到明治政府的资助前往欧美国家留学深造。1886年,工部大学校被合并到帝国大学,该校前后总共培养出七届共211名毕业生,为推动日本的工业化进程做出了极大贡献。可以说,工部大学校的毕业生充实了日本近代工业化的建设队伍,他们大多成为工业领域的骨干力量,使日本逐渐摆脱了在工业技术领域严重依赖西方人的处境,开始走向自立化发展。其中,戴尔所起到的作用是十分重要的,从学校课程的设置、规章制度的拟定乃至校舍的建设,都打下了其浓重的个人烙印。当时在日本的西方人甚至把工部大学校称作"戴尔学院"(Dyer's College),由此可见他在日本工学体系的建立和日本技术人才培养方面所扮演的不可或缺的角色。

当戴尔在1882年离开日本回国时,明治天皇授予其三等旭日勋章,以表彰其将西方近代工学研究方法引进日本以及对在日本建立近代工学教育体系所做出的杰出贡献,并且培养了大批工业人才,为日本最终完成自身的工业化奠定了坚实基础。

第四章 欧美专家与日本近代法制建设

在近代化进程启动之后，日本的经济发展和工业化面临严峻的现实：不仅缺乏技术资源、人才资源以及其他物质资源，而且缺乏制度资源，即作为后发近代化国家的日本不具有像欧美国家那样的原生的资本主义制度形态。[①] 因此聘请欧美专家，能够最大限度地对西方制度文明进行移植，以更好地促进近代化发展。而法治化是近代化的一个重要方面——政治民主化的全面体现和成熟标志，也是由"人治"的传统社会向"法治"的近代国家转变的关键所在。可以说，在一个国家的近代化建设当中，法律的构建是至关重要的。日本传统法律粗陋、不完备，不符合民主、自由、平等的近代理念。欧美专家为日本带来了法律面前人人平等、法律至上的近代法治观念，在其大力帮助下，经过一系列立法活动，日本迅速建立起相对完整的近代法律体系。

---

① 参见张健、王金林主编：《日本两次跨世纪的变革》，天津社会科学院出版社，2000 年，第 302 页。

第一节　日本近代法制建设的启动

一、幕藩旧法的弊端

法治由法典、法官、法律机构和程序等构成。它是整个文化或文明，尤其是整个哲学以及历史传统的产物。[①] 在明治维新之前，日本的法律十分混乱，刑罚极为苛刻，个人权利被极度轻视，监狱的条件非常恶劣。可以说，作为东亚国家的日本自封建时代开始就基本效仿中国古代的法律制度，该国封建法律从体系到内容都深受中国封建法律制度及其法律文化的影响。其在形式上诸法合一，民刑不分，没有独立、完整而有效的法律体系。后来德川幕府为了巩固自己的统治地位，在政治和法律上采取了一系列措施，形成了一套完整的，以幕府为核心、诸藩为支柱的统治体制。就法律而言，此时的法律形式主要是幕府法和藩法。[②]

在幕藩二级统治体制下，各藩大名虽然名义上都是幕府将军的属臣，但事实上他们在各自的领地内，都享有一定程度的立法、行政与司法大权。西南各藩因致力于发展海外贸易而日益强大起来，为了便于统治以及维持这一松散的体制，幕府便在各藩遵守幕府法律的基础上，允许其在领地内

① 参见张旅平：《文明的冲突与融合——日本现代化研究》，文津出版社，1993年，第170页。

② 参见赵立新、毕连芳：《近代东亚的社会转型与法制变迁》，中国社会科学出版社，2006年，第124页。

制定相关法律。与此同时，由于成文法较少，各地广泛使用习惯法，导致执法尺度不一、判刑标准各异，这就使得建立一套通行全国的法律体系成为时代发展的需要。而且无论民事诉讼、刑事诉讼，均采用非公开的一审制，其中刑事审判中广泛使用拷问制度。[①]

就在这种情况下，日本的法制近代化进程悄然起步，它是西方文明持续冲击作用下的产物。开国之后，日本的司法和海关主权仿佛一夜之间被人掌握。而随着日本与西方列强之间交往的不断加深，由于缺少近代法制的有力支撑，日本在欧美人面前难以维护自身的合法权益。当时的日本外务大臣井上馨与英国公使的一段对话就很能说明日本因为法律不完备而遭受的屈辱与无奈。井上说："为了我独立国的面子，希望能恢复关税自主权。"英国公使回答："你的话很有道理，我们当然赞成，但是与此同时，我们也希望（贵国政府）给英国人在日本境内杂居和自由经营的特权。"井上说："可以，但欧美人都要遵守我们的法律。"英国公使问："日本人的法律是什么样的法律？请拿来一览。"井上顿时语塞，因为日本还拿不出可供对方一览的法律。[②] 由此不难看出，近代法制的缺失极大地阻碍了日本迈向近代国家的步伐。

---

① 参见赵立新、毕连芳：《近代东亚的社会转型与法制变迁》，中国社会科学出版社，2006 年，第 126 页。

② 参见武寅：《近代日本政治体制研究》，中国社会科学出版社，1997 年，第 45 页。

二、明治政府筹备新法

明治初年，日本与欧美列强签订的一系列不平等条约依然存在，这严重威胁着日本民族独立和工商业的进一步发展。因此，如何收回丧失的民族权益，与各国缔结平等互利之新约，便成为新政府外交上的重要课题。由此，明治政府开始着手编纂包括民法典在内的各种近代法典。

在正式着手编纂本国近代法典之前，明治政府首先于1871年7月设立司法省，将其作为全面主管法制建设的机构。为了尽快培养本土法律领域的专门人才，又在司法省下面成立了一些法律速成科，其目的在于“集聚有志于法律领域的青年才俊，望其革新吾国法制之现状”[①]。在这些讲座形式的培训班里，开设有法理学、法学通论、宪法、行政法、诉讼法、刑法、治罪法、商法、国际法、财政学、伦理学等课程。司法省聘请来自国外的法律专家进行讲授，系统传授近代法制知识。这些欧美学者还积极协助翻译西方近代法典，比如当时担任正院（明治政府于1871年设置的最高决议机构）法律顾问的维尔贝克就翻译了大量欧美法律文献（见表4-1），为日本近代法制建设奠定了重要的思想基础。

---

① ［日］三好信浩：《日本教育的开国：外国教师与近代日本》，福村出版株式会社，1986年，第101页。

表 4-1 维尔贝克参与翻译的重要法律著作一览

法律著作名称	备注说明
《德意志联邦及各国刑法比较书》	对日本编订适合本国国情的刑法具有重要的参考价值
《拿破仑法典目录总编》	收录了法国拿破仑法典的目录，便于查阅相关法律条文
《美国专利法・著作权法》	将近代西方产权意识介绍到日本
《法国森林法》	建议应尽快对日本国内丰富的森林资源进行立法保护
《英国近代法律抄译》	较为系统地介绍近代英国法律制度沿革状况
《法律格言》	首部汇集欧洲诸国法律的格言集
《法学指南》	成为日本近代各大学法学专业学生的教科书

第二节 欧美法律专家与日本近代立法活动

可以说，为了尽快实现在本国建设一套完备的近代法制的目的，明治政府聘请了大批来自欧美国家(早期主要来自法国)的法律专家担任政府部门和各级司法机关的顾问，并为本国司法人员和政府公务员讲解法律知识，提供法律方面的咨询。

由表 4-2 可以看出，明治政府于 1871—1889 年在法律领域主要雇用了 24 名欧美专家。以 1880 年为界，前期(1871—

1880 年)有 17 人,后期(1881—1889 年)有 7 人。在前期,法国专家以 9 人占据多数;而在后期,德国专家则占有主导地位,有 5 人在政府官厅从事法律工作。从中我们可以发现,在移植西方近代法律过程中,日本在明治初期主要学习法国的法律制度,而随着时间的推移转而向德国取经。

表 4-2　明治政府聘用的主要法律专家一览(1871—1889 年)

姓名	国籍	服务年限	所属部门
鲍斯奎特(Du Bousquet)	法国	1871—1878	太政官、正院
佩顿(Joudon Peyton)	美国	1871—1878	外务省、太政官
鲍斯奎特(Georges Bousquet)	法国	1872—1876	司法省、左院、文部省
劳德(John Louder)	英国	1872—1902	大藏省、司法省
博索纳德(Boissonade)	法国	1873—1895	司法省
维尔贝克(Guido Verbeck)	美国	1873—1878	大学南校、正院、元老院
柯克伍德(Kirkwood)	英国	1874—1902	司法省
李普曼(Robert Lipman)	法国	1875—1877	司法省

续表

姓名	国籍	服务年限	所属部门
摩里尔(P. J. Mourier)	法国	1876—1880	司法省
拉帕德(A. Rappard)	荷兰	1876—1878	司法省
史蒂文斯(Herbert Stevens)	英国	1876—1878	司法省
贝奈特(Albert Bbeinet)	法国	1877—1880	司法省
拉塞尔(A. Russel)	美国	1877—1880	司法省
道格拉斯(Philip Douglas)	英国	1878—1880	司法省
阿珀特(George Appert)	法国	1879—1889	司法省
阿里维特(Arthur Arivet)	法国	1879—1882	司法省
法贝尔(A. Faber)	法国	1880—1884	司法省
罗埃斯勒(Hermann Roesler)	德国	1881—1890	外务省、太政官
鲁道夫(Carl Rudolph)	德国	1884—1887	内务省

续表

姓名	国籍	服务年限	所属部门
泰卓 (Hermann Techow)	德国	1884—1886	司法省、内阁
鲁多夫 (Otto Rudorph)	德国	1884—1890	司法省、外务省
马丁 (Clarence Martin)	英国	1884—1886	司法省
莫塞 (Albert Mosse)	德国	1886—1890	内阁
皮格特 (Francis Piggott)	英国	1887—1891	内阁

资料来源:梅溪昇:《雇佣外国人》第11卷《政治·法制》,鹿岛研究所出版会,1971年,附录2。

明治前期日本重要法律的公布与欧美专家参与状况如表4-3所示。这些接受明治政府邀请的欧美专家们的建议与答疑解惑,对于日本迅速吸收西方法律精神和法制构建起到了极为关键的作用。在其服务期间,提出的众多建议绝大多数都为政府所采纳,对日本法制及法律近代化贡献颇多。而其中最重要的是他们在日本近代法律制定过程中的巨大作用。

表 4-3 明治前期日本重要法律的公布与欧美专家参与状况

法律名称	公布时间	参与专家	参与方式
《民法草案》	1890—1893 年	博索纳德	草案起草
《商法》	1890 年	罗埃斯勒	草案起草
《治罪法》	1880 年	博索纳德	草案起草
《刑法》	1890 年	博索纳德	草案起草
《民事诉讼法》	1890 年	泰卓	草案起草
《行政裁判法》	1884 年	罗埃斯勒	答疑
《明治宪法》	1889 年	罗埃斯勒	提案、答疑、草案起草

资料来源：根据联合国教科文组织东亚文化研究中心编的《资料御雇外国人》(小学馆，1975 年)一书统计得出。

在众多来到日本工作的欧美法律专家当中，法国专家博索纳德与德国专家罗埃斯勒无疑是最具有代表性的。前者对日本的法学教育、立法、外交等都作出过很大贡献，并且直接推动了日本刑法、治罪法(即刑事诉讼法)及民法的起草制定工作；而后者则对颁定《明治宪法》及日本最终建立起模仿德国的君主立宪政体具有重要影响。

一、博索纳德与日本近代法典的起草

博索纳德，法国法学家，1853 年在巴黎大学获得法学博士学位，随后留校担任法学教授直到 1873 年。他协助起草了日本近代的主要法典，被公认为近代日本法制的缔造者。

博索纳德曾在巴黎为来法国留学的几名日本学生讲授宪法和刑法课程，由于反响不错，经日本驻法公使鲛岛尚信推荐，于 1873 年前往日本担任司法省法律顾问，协助日本起草近代法典。

在起草法典的过程中，博索纳德特别强调将日本的具体国情与西方近代法制思想结合起来考量，取得了司法卿大木乔任的信任，开始着手全面整顿日本国内法制。明治政府建立之后，为了稳定社会秩序，确立中央政府的权威，相继颁布了《假刑律》(1868 年)、《刑律纲领》(1870 年)及《改定律例》(1873 年)等刑律。然而其中条款仍旧直接取自日本封建时代的法律，刑罚残酷，不符合时代发展潮流。

其实刚来日本没有多久，博纳索德就亲眼见证了日本法律极不健全的特点。有一天中午，他正在司法省大楼自己办公室内工作，突然听到从楼下传来阵阵惨叫声，他赶紧放下手头的工作，到楼下看个究竟。原来在一间灯光昏暗、潮湿阴冷的房间里，一名日本法律官员正在用皮鞭狠抽挂在绳索上的人，那个人衣衫褴褛，全身上下没有一处不遭到毒打。博索纳德见状非常生气，通过翻译向那名官员提出质问，而那名官员对此只是冷冷地说道："博索纳德先生，您有所不知，这个人犯有盗窃罪，我这样做是没有错的。"听到这里，博索纳德义正词严地对他说："你这样做是不合法律程序的，在法院未审判定案之前，他只是一名犯罪嫌疑人，不可以侵犯其人身自由，更不可以严刑逼供。"随后，他就向那名官员的上级反映，并称如果不废除此类酷刑，他就准备辞职回国。在得到那位上级的保证后，博索纳德在冷静之后认为现阶段应该尽快制定出一部合乎西方法律规范的刑法典，以杜绝日本传统的严刑逼供行为。[①] 过了一段时间之后，他向司法省递交了其亲自撰写的《拷问废止意见书》。在该文件中，博索纳德详细阐述了自己对于日本现存拷问制度的思考，并认为这一制度的存在不仅违背人道主义原则，还直接损害了日本的国家利益，使得西方国家人士认为日本人是野蛮、未经开化的国民，进而导致日本政府争取收回治外法权与修改不平等条约的努力付诸东流。[②] 他的意见得到了明治政府的高度重视。1875 年，明治政府发布法令，禁止以拷打作为获得证据、招供或惩罚的手段，同时还规定从今以后所有刑事和民事案件都必须公开审理。[③] 可以说，正是在博索纳德的大力推动下，严刑逼供这一自日本封建时代便遗留下来的积弊才得到彻底清除。

博索纳德以 1810 年《法国刑法典》及《法国治罪法》为蓝本，开始为日本起草编订相关法律，并且引进了西方近代刑法的主要原则，即"罪刑法定"，依照法律条文规定对犯罪人员进行惩罚，排除法官的主观意志。他还进而建议废除刑罚上原先存在的等级差别，确立法律面前人人平等的近代法治观念。为此，博索纳德专门以《法国治罪法》为主，参照西欧

---

① Neil Pedlar, *The Imported Pioneers: Westerners Who Helped Build Modern Japan*, New York: St. Martin's Press, 1990, p. 188.

② 参见[日]大久保泰甫:《日本近代法之父:博索纳德》，岩波书店，1977 年，第 105 页。

③ 参见张旅平:《文明的冲突与融合——日本现代化研究》，文津出版社，1993 年，第 172 页。

各国刑法编成《日本帝国刑事手则法草案》与《日本帝国刑法草案》。[①] 经过他的细心审查与不断修改，并听取日本方面的意见，1880 年 1 月 1 日，《刑法》与《治罪法》正式实施，它们是日本最初颁行的近代法典，在日本法制史上有重大意义。针对日本刑罚的残酷性与滥用刑罚的特点，法典把刑罚分为主刑和附加刑，而其中每一种刑罚又分为不同的等级。如重罪的主刑有死刑、无期徒刑、有期徒刑、无期流刑等共九等；轻罪的主刑有重禁锢、轻禁锢、罚金三种。其中，死刑仅保留绞刑一种。[②] 为了更好地解释法律条文以及指导日本执法人员秉公办案，在博索纳德的大力协助下，司法省于 1886 年公布了由其编写的《修正刑法草案注释书》。该书除了对法典条文进行逐条解释之外，还指出了法典的不完备之处。此书成为此后日本刑法解释的基准，对日本刑法学的发展有着重要贡献。[③]

与此同时，民法的编纂工作也在紧锣密鼓地进行之中。1880 年，以大木乔任为总裁的民法编纂局成立。编纂局委任博索纳德和日本法学家富井正彰、梅健次郎具体负责民法的条文拟定与校对工作，其中该草案的“财产编”及“财产取得编”完全遵循博索纳德本人的意见。这部民法由于大量参考

① 参见[日]大久保泰甫：《日本近代法之父：博索纳德》，岩波书店，1977 年，第 113 页。

② 参见赵立新、毕连芳：《近代东亚的社会转型与法制变迁》，中国社会科学出版社，2006 年，第 145—146 页。

③ 参见[日]川口由彦：《日本近代法制史》，新世社，1997 年，第 162 页。

《法国民法典》，洋溢着自由主义、民主主义思想，因而具有显著进步性。虽然后来由于与日本国情差异较大，再加上政府内保守人士的阻挠，该法典经历多次修订，但其民主精神是不容置疑。

博索纳德一直在日本工作到 1895 年，其间参与了明治初期各大法典的编纂工作。可以说，博索纳德除直接参与立法起草、进行司法制度改革之外，还协助建立司法省法律学校。他作为司法省下属法律学校——明法寮（1880 年成立，1881 年改称东京法学校，为今日本法政大学前身）的教师，自 1874 年起开始定期举办法律讲座，为日本培养了大批专业法律人才，后于 1883 年成为该校校长。博索纳德为学生讲解自然法的原理，认为永恒不变的一切人的共同规范应是“勿害人”，强调了“尊重私有权”“契约自由”“过失责任原则”等多项法律原则，他的学说为日本近代法学奠定了基础。[①]

为了表彰其对日本法制建设的卓越贡献，博索纳德在 1876 年被明治天皇授予二级旭日勋章，同时他也是明治时期为数不多的被授予该级别勋章的欧美专家。

二、罗埃斯勒与《明治宪法》的制定

宪法是一个国家的根本大法，是其他法律制定的依据。在日本近代宪法的制定过程中，来自德国的法学家罗埃斯勒

---

① 参见张健、王金林主编：《日本两次跨世纪的变革》，天津社会科学院出版社，2000 年，第 173 页。

扮演了指导者的角色，正是他建议日本政治家模仿普鲁士-德意志模式，加强中央集权，制定了一部以最高统治者（天皇）为中心而不是以民众意愿为基础的宪法。

罗埃斯勒于 1834 年出生于普鲁士的小城弗兰肯（Franken），在当地中学毕业之后，进入慕尼黑大学（the University of Munich）与图宾根大学（the University of Tubingen）学习，27 岁时成为罗斯托克大学（the University of Rostock）经济学与法学教授。1878 年，经过日本驻德大使青木周藏的大力引荐，罗埃斯勒接受明治政府的邀请，出任外务省法律顾问。

明治政府建立后，为了尽快在国内建成西方式的国家制度，便派遣岩仓使节团赴美欧考察，学习西方国家的政治组织形式及法制建设状况。在其回国后，明治政府开始大力引进西方法律模式，作为国家根本大法的宪法更是制定法律工作的重中之重。明治天皇在 1876 年发布敕文，宣称要“根据本国国体，广泛参照海外各国既成法律，以早定国宪”。要求官员们认真研究各国宪法，以便撰写本国宪法草案。元老院因此设置了宪法取调局，全面负责起草宪法草案的工作。由于制定宪法是日本近代历史上的一件非同寻常的大事，官员们都没有把握，因而只有借鉴欧美经验，那么具体应该选择哪一个欧美国家的宪法作为参照蓝本呢？在众多模仿对象中，德国成为明治政府高官的首选。这是因为德国与日本同为近代化后发国家，两国又同样是君主制国家，最重要的是德国在最近几年的强劲发展势头使得日本十分羡慕，日本官员们希望通过模仿其政治法律制度以推动日本尽早成为亚洲强国。

作为法律顾问的罗埃斯勒结合日本实际，将德意志帝国的君主立宪制介绍进来，该制度以君主为国家最高元首，其不受立法机构(议会)的诸多限制，而议会的主要作用仅在于提供建议，成为咨询机关。制定一部钦定宪法，将议会的组织权限牢牢控制在手中，由此，天皇专制制度找到了其法律基础。

在回答日本政府官员有关英、德两国政体优劣比较的问题时，罗埃斯勒特别指出了英国政体的弊端：英国的议会政治是政党政治，有时缺乏谋求国家安宁的诚心，政党有时分为几派，议会内没有可以信任的多数，这样政府始终处于不稳定状态，有时会招致多数党的横行。[①] 因此，罗埃斯勒力主尽量限制议会议员的权力，从而相应扩大皇室及政府的权力，强调日本"不可以英国为准则"，"英国实际上为共和政体，权在议会，不适于日本国"。而与此相反，德国则没有这么多的麻烦，国王掌握着国家的最高权力，议会承担咨议职能，完全在国王的操控之下，议会中就更无党派之说了。他认为："在欧洲各国中，德国情况与日本最为相近，德国虽设议会，但英明的君主在上，议会的权力薄弱，如今日本开设议会，亦不可以议会之多数决定事项。"与此同时，帝王要掌握

① 参见肖传国：《近代西方文化与日本明治宪法——从英法思想向普鲁士·德意志思想的演变》，社会科学文献出版社，2007年，第109页。

"兵权""财权",不可使之旁落;要减少议会的立法权,而由帝王"掌布令之权",诸如"紧急敕令""独立命令之发布权"等等,从而把议会降低成为"单纯的咨询机构"。[①]

另外,在时任太政官大书记官井上毅进行宪法调查及起草的筹备工作之时,罗埃斯勒也有很多建议被采纳。例如,他强调宪法的制定应以日本的具体国情为基准,以钦定宪法作为制宪的运作方式,突出天皇在日本政治生活中的主体地位,树立绝对君权主义,反对实行英、美式的政党内阁制,将天皇的作用无限扩大,从而剥夺议会审定法律的权力,进而建立专制君主制。他主张"在开化尚浅的国家,不得已而用专制政体,且必须限制臣民的权利"。而普鲁士-德意志式的"专制政体"这一"自上而下"的近代化文明开化政策,最适合"开化未全之日本"。[②]可以说,在罗埃斯勒的建议下,日本做好了正式制定宪法的准备工作,为宪法的起草确立了指导思想。

《明治宪法》的正式起草工作始于 1886 年,由伊藤博文全权负责,一同参与起草的还有井上毅、伊东巳代治、金子坚太郎等人,罗埃斯勒作为顾问也全程参与了宪法讨论与最后的起草工作。在宪法的起草过程中,罗埃斯勒每天的工作安排很紧凑。上午八点来到外务省大楼处理外交、法律方面的事务;中午十二点半至下午两点半回到家中与自己的妻儿共进午餐;经过短暂休息之后,下午三点要前往内阁总理府工

---

① 参见[日]尾佐竹猛:《日本宪政史大纲》(下),宗高书房,1978 年,第 687 页。

② 参见肖传国:《近代西方文化与日本明治宪法——从英法思想向普鲁士·德意志思想的演变》,社会科学文献出版社,2007 年,第 172 页。

作到晚上七点,若事务繁忙的话要工作到晚上九点多。连他自己都认为自己就像是"一台高效运转的机器,永远不知疲惫地工作着"[①]。经过参考德意志各邦宪法和学说,罗埃斯勒于1887年4月写成《日本帝国宪法草案》,并上交伊藤博文进行审议、讨论。该草案后来经过修订,成为最终颁行的《明治宪法》的基础性文件。明治宪法的内容、构成、条款的最终表述等大多参考自该草案。[②]

1889年2月11日,《明治宪法》正式颁布。该宪法通过明治天皇向黑田清隆首相亲手递交的方式颁布,即所谓"钦定宪法"。这部宪法总共7章76条,在大量借鉴1850年《普鲁士宪法》和1871年《德意志帝国宪法》的基础之上正式拟定。宪法开宗明义地确立天皇是国家权力的主体,而且其权力是神圣不可侵犯的,带有浓厚的天皇专制主义色彩。但不管怎样,日本因此成为东亚首个拥有近代宪法的立宪君主制国家,《明治宪法》成为亚洲第一部成文宪法。总之,《明治宪法》堪称"日西合璧"的产物,它是日本天皇专制主义传统与西方近代立宪理念相结合的产物。其对进一步打破日本的封建专制制度、建立近代法律体系以及推进法律现代化起到了重大作用。[③]

---

① Suzuki Yasuzo, *Hermann Roesler and the Japanese Constitution*, Tokyo: Sophia University, 1941, p.139.

② 参见[日]梅溪昇:《雇佣外国人:明治日本的助手们》,讲谈社,2007年,第94页。

③ 参见赵立新、毕连芳:《近代东亚的社会转型与法制变迁》,中国社会科学出版社,2006年,第176页。

罗埃斯勒在日本一直工作到 1893 年，在此期间还协助日本政府编纂了《裁判所（法院）构成法》及《行政裁判法》。其中《行政裁判法》是罗埃斯勒以《明治宪法》第 61 条为基础，参考奥地利的相关法律制度制定的，并于 1890 年 6 月颁布，同年 10 月 1 日开始施行。该法由 4 章 47 条组成，主要规定了行政法院的组织、权限以及诉讼程序。[①] 可以这么说，罗埃斯勒为日本全面摄取德国法律制度，建立本国近代法律体系奠定了坚实的基础，同时也为今后日本法制发展打上了深深的“德国烙印”。

以《明治宪法》的正式颁行为契机，到 19 世纪末 20 世纪初，日本逐渐形成了以“六法”（宪法、民法、刑法、商法、民事诉讼法、刑事诉讼法）为核心的近代法律体系。这对日本国际地位的迅速提高起到了巨大的推动作用，也加快了其与欧美列强进行修改不平等条约谈判的步伐，为最终成为独立国家打下了坚实的法律基础。

总之，在近代立法的过程中，日本遵循了先易后难的原则，即首先制定刑法和民法，之后再集中力量制定国家的根本大法——宪法。而在选择模仿对象时，则经历了由法国向德国的转变，来自这两个国家的大批法律专家也在日本近代的法典编纂中发挥了重要的建设性作用。

---

① 参见赵立新、毕连芳:《近代东亚的社会转型与法制变迁》，中国社会科学出版社，2006 年，第 197 页。

结　语

日本在近代化的过程中，苦于国内缺乏专业人才，为了迅速实现赶超型发展，开始大力引进欧美专家。日本各级政府积极引进大量欧美专家前来工作，这在当时可以说是一道独特、亮丽的风景线。据统计，在欧化时期的 1871—1879 年，应聘来日本工作的英、美、法、德等国的专家多达 1003 人。到了民族化时期的 1883—1889 年，欧美专家人数呈现逐渐下降的趋势。这一时期聘请的欧美专家人数为 661 人，比 19 世纪 70 年代减少了 45％。进入 19 世纪 90 年代，欧美专家人数继续逐年减少。[①] 在这一过程中，日本自己的专门技术人才迅速成长起来，使得产业技术开发日趋本土化和民族化。日本政府聘用这些欧美人，利用他们带来的先进经验和先进技术，积极建设近代国家。在铁路、纺织、矿山等产业建设部门乃至法律、教育、行政等领域，都闪现着欧美专家的

---

① 参见[美]阿达斯·巴克斯：《近代化的推进者们——留学生、外国专家与明治维新》，[日]梅溪昇监译，思文阁，1990 年，第 203 页。

身影。虽然不能过分夸大欧美专家的作用，毕竟各项事业的领导权紧紧地掌握在日本人手上，他们为日本培养出一大批技术骨干后就逐渐被辞退，但不管怎么说，欧美专家对日本的近代化事业还是发挥了巨大作用。

首先，欧美专家在各类专门学校中任教，为日本迈向近代社会培养了大批专业人才。因为推进一国近代化进程最重要的因素就是人才，许多欧美专家在这一过程中扮演了至关重要的角色。据日本学者杉本勋的研究，在推进日本近代化的人才队伍中，明治五年（1872 年）以前为“洋学家时代”，明治二十年（1887 年）以后为“帝国大学时代”，两者之间为“外国人和政府机关时代”。[①] 也就是说，1872—1887 年是日本引进西方科学技术最关键的时期，这一时期活跃在日本近代化建设领域的主要是欧美技术专家、留学归国人员和由政府举办的速成技术学校培养出来的技术人员。面对西方列强的挑战，明治政府最关心的是实用科学技术的发展，即“富国强兵”之术，而在实际工作中，翻译家、洋学家没有用处，同时大学未成熟，对于当前国家建设中急需解决的实际技术问题，无暇等待那些通过大学正规教育培养出来的专家。于是政府特别看重欧美技术专家、归国留学人员和由政府通过速成手段培养出来的技术人员，其中依托于日本政府各职能部门的欧美专家无疑是日本引进西方近代文明的骨干力量。

---

① 参见［日］杉本勋编:《日本科学史》，郑彭年译，商务印书馆，1999 年，第 338 页。

他们使日本人看到了朝气蓬勃、勤奋、高效、理性、节俭的“资本主义精神”。[①] 这样一种精神气质与日本本土的“武士道”和集体主义观念相结合，产生了奇妙的化学反应，催生出促使日本迅速发展的驱动力，最终将日本送上了近代化的快车道。

其次，通过聘请欧美专家来到日本工作。他们所带来的西方生活方式开始在各地广泛流行，为日本快速实现近代化起到了示范作用。比如说，由于大量欧美专家及员工的到来，大阪造币局迅速采用了西服、公历、双休日制度和西式图书管理方法，此外还为贫困工人募集资金，建立诊所，使用电报和电灯。这个造币局因而成为大阪近代生活的发源地。可以说，在日本全国各地工作与生活的欧美专家对当地居民产生了较大影响，将西方的生活方式普及到日本各地，使其逐渐渗入日本普通民众中间，由此改变了人们的思考方式和生活方式，使人们更为乐意接受西方先进文化。

此外，来自西方的专家们不仅对日本的近代化建设发挥了重大作用，而且还在日本对外关系的改善以及与其他国家的文化交流方面贡献颇多。例如，维尔贝克和因格(John Ing，1840—1920)就多次安排日本学生赴海外留学，加深他们对于西方文明的直接认识。在明治初年对日本银行业发展有巨大贡献的英国人沺德(Alexander Allan Shand，1844—

① 参见张旅平：《文明的冲突与融合——日本现代化研究》，文津出版社，1993年，第156—157页。

1930)积极联系并引进英美财团的贷款,为日本各项近代化建设事业注入启动资金,还对日本与欧美国家友好关系的建立起到穿针引线的作用。而且,这些欧美专家在结束日本的工作回到自己的祖国后,通过发表论文、出版书籍、举办讲座以及展览自己在日本收藏的工艺品等方式大力向自己的同胞介绍日本文化,充当"文化使者"的角色,加深了两国间的文化交流。他们在日期间所写的著作、文章也对研究明治前期的日本社会与文化有着不可估量的价值。简而言之,欧美专家在将西方的近代文化与科学技术传播到日本的同时,也将日本的历史、文化、教育、社会情况介绍到了海外。

总之,日本为了吸收西方近代科学知识以推动本国近代化事业的发展,雇用了大量欧美专家,对于这些人的功劳是决不能评价过低的,但过分的评价也是不可取的。比如说在为了学习欧洲近代农业方法而创建的札幌农学校中,讲课用的是英语,没有哪个教授通晓日本的传统农业——养蚕和水稻,而且兽医学讲课用的是德语,讲的只是德国的牛。[①] 尽管如此,瑕不掩瑜,他们的功绩是不容忽视的。

可以这么说,日本近代化的成功确实给我们留下了很多值得深思和借鉴的地方。在当时无比强大的欧美文明汹涌而至时,有很多后发国家试图学习西方、追赶西方的脚步,但大多数国家的尝试均以失败告终。那么,日本为什么能在短

---

① 参见[日]永井道雄编:《非西方社会的现代化》,姜振寰、郑德刚译,哈尔滨工业大学出版社,1989年,第102页。

短几十年内,成功地实现近代化建设的目标呢?

从文化角度分析,任何一个国家和社会的发展不外乎两大动力:一是自身的传统文化,二是吸收外来有益的文化。二者缺一不可,后者常常是本民族文化加速发展的催化剂。对落后国家而言,无疑应该主动学习、吸取和接受来自外部的先进文化成果,这对于其社会经济的发展和民族素质的提高具有极大的意义。作为非西方世界中率先迈入先进国家行列的日本,自古以来就是一个通过大量吸收外来先进文化成果以提升自身文化形态的典型。在聘用欧美专家方面,日本更是采取积极主动态度,按计划有序进行,后来根据自身的实际需要,大量进行吸收工作,最终目的是借助于欧美专家的示范作用,达到各项近代化事业的自立。

经过欧美专家在各领域的精心指导,日本的近代化得到了飞速发展,充分发挥了后发优势,汲取了西方先进文明的养分,这使得日本人受益匪浅,在实现近代化的过程中,走了一条较为省力、便捷的道路。

附录　近代在日主要欧美专家分领域一览

(一)教育、学术

姓名	国籍	部门	职务	服务年限	主要贡献
维尔贝克(G. F. Verbeck)	美国	太政官 元老院 正院 司法省	太政官、文部省、司法省及元老院顾问，正院法律编译局顾问，大学南校(东京大学前身之一)教务长	1869—1898	为日本培育近代化人才；首先建议日本政府派遣使节团出使海外；编译法律；参与诸多法规的制定工作
克拉克(W. S. Clark)	美国	文部省	札幌农学校(现北海道大学)首任校长	1870—1872	将美国的农业教育理念带到日本，培养了大批专业人才

续表

姓名	国籍	部门	职务	服务年限	主要贡献
莫尔斯 (E. S. Morse)	美国	文部省	东京大学动物学、生理学教授	1877—1882	发掘大森贝冢、将进化论首次介绍到日本，奠定日本近代生物学的基础
戴尔 (H. Dyer)	英国	工部省 文部省	工部大学校（今东京大学工学部）校长	1873—1882	为日本近代化培养不可或缺的工业人才
费诺罗萨 (E. Fenollosa)	美国	文部省	东京大学哲学、物理学教授	1877—1890	重新评价日本美术、哲学
瓦格纳 (G. Wagener)	德国	工部省 文部省	工部省技术顾问、东京大学理学部教授	1868—1886	传授瓷器制造技术，积极推动殖产兴业政策的开展
艾尔顿 (W. E. Ayrton)	英国	工部省 文部省	工部大学校电气工程学教授	1873—1878	奠定日本电气工业发展的基础

(二)外交

姓名	国籍	部门	职务	服务年限	主要贡献
马绍尔 (F. Marshall)	英国	外务省	日本驻法公使馆情报员顾问	1870—1885	开始为日本驻欧洲各国使馆培训情报人员，后于1881年担任外务省顾问
丹尼森 (H. W. Denison)	美国	外务省	外交顾问	1880—1914	代表日方交涉《朴茨茅斯和约》的签订

(三)工业

姓名	国籍	部门	职务	服务年限	主要贡献
莫莱尔 (E. Morel)	英国	工部省铁道寮	铁路建设工程师	1870—1871 (逝于任内)	修筑东京新桥至横滨间的铁路，为日本首条铁路——京滨铁路的建成做出很大贡献

续表

姓名	国籍	部门	职务	服务年限	主要贡献
布鲁顿 (R. H. Bruton)	英国	工部省灯塔寮	灯塔建造工程师	1868—1876	策划、指导并建设日本各地灯塔
戈德弗莱 (T. G. Godfrey)	英国	工部省矿山寮	采矿业技术指导、工程师	1871—1877	将西方近代采矿技术方法带到日本
布鲁纳特 (P. Brunat)	法国	工部省	富冈缫丝厂负责人、技术指导	1870—1875	引进西方近代纺织技术
凯普隆 (H. Capron)	美国	开拓使	北海道开拓使顾问	1871—1875	指导北海道地方的农业、道路建设
金德尔 (T. W. Kinder)	英国	大藏省造币寮	造币专家金融顾问	1870—1875	将西方近代货币制度引进到日本

(四)法律

姓名	国籍	部门	职务	服务年限	主要贡献
博索纳德 (G. Boissonade)	法国	司法省	法律顾问	1873—1895	奠定日本近代民法、刑法之基础

续表

姓名	国籍	部门	职务	服务年限	主要贡献
罗埃斯勒（H. Roesler）	德国	外务省	法律顾问	1878—1893	介绍德意志帝国政体，制定宪法草案，培养法律人才
莫塞（I. Mosse）	德国	司法省	法律顾问	1886—1890	协助制定商法、刑法草案，培养法律人才
鲁多夫（O. Rudorf）	德国	司法省	法律顾问	1885—1890	协助制定各级法院组织法

参考文献

一、专著

〔1〕联合国教科文组织东亚文化研究中心编:《资料御雇外国人》,小学馆,1975 年。

〔2〕[日]三好信浩:《日本工业教育成立史研究》,风间书店,1979 年。

〔3〕[日]尾形裕康:《西洋教育移入的途径》,讲谈社,1961 年。

〔4〕[日]三好信浩:《日本教育史》,福村出版株式会社,1993 年。

〔5〕[日]高桥祯一:《洋学思想史论》,新日本出版社,1979 年。

〔6〕[日]仓泽刚:《学制研究》,讲谈社,1973 年。

〔7〕[日]井上久雄:《明治维新教育史》,吉川弘文馆,1984 年。

〔8〕[日]大久保利谦:《明治维新与教育》,吉川弘文馆,

1987年。

〔9〕[日]大桥昭、平野日出雄:《明治维新与雇佣外国人:维尔贝克的一生》,新人物往来社,1988年。

〔10〕[日]梅溪昇:《雇佣外国人:明治日本的助手们》,讲谈社,2007年。

〔11〕[日]林武:《技术与社会:日本的经验》,日本联合国大学出版会社,1986年。

〔12〕[日]三好信浩:《日本教育的开国:外国教师与近代日本》,福村出版株式会社,1986年。

〔13〕[日]大久保泰甫:《日本近代法之父:博索纳德》,岩波书店,1977年。

〔14〕[日]川口由彦:《日本近代法制史》,新世社,1997年。

〔15〕[日]尾佐竹猛:《日本宪政史大纲》,宗高书房,1978年。

〔16〕祝曙光:《铁路与日本近代化——日本铁路史研究》,长征出版社,2004年。

〔17〕王桂编著:《日本教育史》,吉林教育出版社,1987年。

〔18〕李文英:《模仿、自立与创新——近代日本学习欧美教育研究》,河北教育出版社,2001年。

〔19〕郑彭年:《日本西方文化摄取史》,杭州大学出版社,1996年。

〔20〕张健、王金林主编:《日本两次跨世纪的变革》,天津

社会科学院出版社，2000 年。

〔21〕[日]杉本勋编：《日本科学史》，郑彭年译，商务印书馆，1999 年。

〔22〕伊文成、马家骏主编：《明治维新史》，辽宁教育出版社，1987 年。

〔23〕吴廷璆主编：《日本史》，南开大学出版社，1994 年。

〔24〕郑彭年：《日本崛起的历史考察》，人民出版社，2008 年。

〔25〕[日]渡边与五郎等：《西学东渐：中日近代化比较研究》，中国社会科学出版社，2008 年。

〔26〕武安隆：《文化的抉择与发展——日本吸收外来文化史说》，天津人民出版社，1993 年。

二、期刊论文

[1]许晓光：《论明治维新前后日本洋学兴盛的社会条件》，《四川师范大学学报》(社会科学版)2008 年第 2 期。

[2]张晓刚：《日本幕末开国对策探析》，《东北亚论坛》2007 年第 5 期。

[3]刘卓珺：《技术进步与日本近代经济发展——兼与中国比较》，《中共山西省委党校学报》2004 年第 2 期。

[4]李文英：《近代日本学习欧美教育经验简析》，《日本学刊》2002 年第 1 期。

[5]祝曙光：《铁路与日本近代化》，《江汉论坛》2007 年第 7 期。

[6]韩久龙:《日本近现代法律“西化”探析》,《商丘师范学院学报》2008 年第 7 期。

[7]王妍妍:《学习欧美:日本明治时期之教育变革》,《湖南第一师范学院学报》2018 年第 2 期。

[8]韩东育:《从近代化到近代性:日本新旧宪法的思想史解读》,《历史研究》2021 年第 6 期。